权威·前沿·原创

皮书系列为
"十二五""十三五"国家重点图书出版规划项目

政府互联网服务能力蓝皮书
编委会

主　　　　任	汤志伟　李金兆
专 家 顾 问	徐晓林　孟庆国　姜晓萍　樊　博
核心研究人员	张会平　冯小东　徐　霁　王萌森　崔　茜
	张龙鹏　陈良雨　刘红芹　何　阳　李　梅
	杨　柳　董　亮　冯　翼　郭雨晖　郭　宁
	雷鸿竹　雷　挺　谢爱玲　罗　燕　蒋国银
	高天鹏　王　莉　蔡运娟　贾　开　张海霞
	殷丽娜　王新莹　唐　扬　简　青　王　沙
	杨丽澄
报 告 发 布	电子科技大学智慧治理中心
	电子科技大学公共管理学院
研 究 支 持	成都市经济发展研究院
数据与技术支持	北京国双科技有限公司

图书在版编目(CIP)数据

中国地方政府互联网服务能力发展报告.2019／汤志伟等著.--北京：社会科学文献出版社，2019.8
（政府互联网服务能力蓝皮书）
ISBN 978-7-5201-5297-6

Ⅰ.①中… Ⅱ.①汤… Ⅲ.①地方政府-互联网络-公共服务-研究报告-中国-2019 Ⅳ.①D63-39

中国版本图书馆CIP数据核字（2019）第159232号

政府互联网服务能力蓝皮书
中国地方政府互联网服务能力发展报告（2019）

著　　者／汤志伟　李金兆　等

出　版　人／谢寿光
责任编辑／宋　静　吴云苓

出　　版／社会科学文献出版社·皮书出版分社（010）59367127
　　　　　地址：北京市北三环中路甲29号院华龙大厦　邮编：100029
　　　　　网址：www.ssap.com.cn
发　　行／市场营销中心（010）59367081　59367083
印　　装／天津千鹤文化传播有限公司
规　　格／开本：787mm×1092mm　1/16
　　　　　印张：16.25　字数：240千字
版　　次／2019年8月第1版　2019年8月第1次印刷
书　　号／ISBN 978-7-5201-5297-6
定　　价／128.00元

本书如有印装质量问题，请与读者服务中心（010-59367028）联系

版权所有 翻印必究

中国地方政府互联网服务能力发展报告（2019）

REPORT ON THE DEVELOPMENT OF INTERNET SERVICE CAPABILITY OF LOCAL GOVERNMENT IN CHINA (2019)

汤志伟　李金兆 等／著

社会科学文献出版社
SOCIAL SCIENCES ACADEMIC PRESS (CHINA)

主要编撰者简介

汤志伟 电子科技大学公共管理学院院长、教授、博士生导师,"天府万人计划"领军人才、四川省学术与技术带头人、教育部公共管理类教学指导委员会委员、中国行政管理学会理事、四川省决策咨询委员会委员、世界电子政府组织评判专家成员等,长期从事数字治理与智慧城市的教学及科研工作。先后主持包括国家社科基金重大专项"建设智慧社会的顶层设计与实现路径研究"在内的国家级、省部级项目20余项;在 Telematics and Informatics、《中国行政管理》、《电子政务》等高水平期刊上发表论文100余篇;出版《网络空间群体行为及演变规律研究》等专著6部;获国家级、省部级教学成果奖,哲学社会科学优秀成果奖共8项。

李金兆 成都市经济信息中心总编辑、副主任,成都市经济发展研究院副院长,国家行政学院电子政务专家委员会特聘专家,电子科技大学客座教授,成都理工大学客座教授。主要研究领域为行政治理与电子政务、网络行为与媒介传播、互联网大数据与竞争情报。在《宏观经济》《电子政务》等期刊发表研究论文20余篇。著有《中国电子政府:模式与选择》《政府门户网站理论与实务》《视觉与体验——中外政府网站策划设计比较研究》等专著8部,研究成果获国家省部级各类专业奖励20余项。主持全国政府互联网服务能力监测研究和国际化营商环境研究,常年参与政府改革系列项目的研究与设计,其中"行政权力网上公开透明运行""全生命周期政务服务""基层公开服务与监管"等成果在全国推广。

摘　要

政府互联网服务能力是指政府运用互联网、大数据、云计算、人工智能等新一代信息技术和手段，实现科学决策、精准治理、高效服务，增强人民群众的获得感、幸福感的综合能力。从政府上网工程到数字政府建设，经过近20年的历程，我国电子政府体系已初步建成，政府基于互联网提供政务服务、实现网络履职已成为常态和现实。在推进国家治理体系和治理能力现代化新时代背景下，评价政府执政能力、治理能力和服务能力，需要将政府互联网服务能力建设作为抓手。本书从供给能力、响应能力、智慧能力三个方面建立了政府互联网服务能力评价体系，以期在新时代信息化生态下，为建设网上政府、提升政府互联网履职能力探索一套新的认知、评价和导向体系，并通过总体评价结果、分项能力表现、专题研究和区域分析等，反映全国地方政府互联网服务能力发展现状与趋势。

本书总报告依据政府互联网服务能力三级指标体系，运用大数据监测分析手段对全国333个地级行政区的互联网服务能力进行了评价，并将其划分为创新领先、积极追赶、稳步推进、亟待发展四种类型。评价结果显示，2018年以来，我国地方政府互联网服务能力整体提升明显；地方政府互联网服务能力区域差异缩小；服务供给能力持续优化，政务新媒体发展迅速；服务响应能力提升显著，省政务平台作用明显；服务智慧能力有较大突破，应用效果需持续优化。各地方政府需更加注重政府互联网服务体系的应用性，进一步加强智能技术与政务服务的深度融合，持续提升政府网络履职的效率与获得感。

本书分项能力篇对中国地方政府互联网服务供给能力、响应能力和智慧能力的整体表现、区域差异和细项能力进行了分析，阐述了各分项能力发展状况与特征。专题篇通过分析"放管服"改革、政务新媒体、政府回应和智慧应用四个重点领域相对应指标在评价结果中的表现，结合数据研究与案例分析，提出了四个专题领域政府互联网服务能力发展的问题与建议。区域篇聚焦广东省、安徽省、宁波市和宜昌市政府互联网服务能力的发展现状，通过分析、整理四个省市政府互联网服务能力建设的具体数据与典型案例，为我国其他地方政府互联网服务能力发展提供经验与启示。

关键词： 网络强国　政府治理　互联网＋政务服务　政府互联网服务能力

目 录

前　言 ……………………………………………… 汤志伟 / 001

Ⅰ 总报告

B.1 中国地方政府互联网服务能力评价
………… 王萌森　徐　霁　张龙鹏　陈良雨　郭　宁　张会平 / 001
　　一　政府互联网服务能力内涵与评价 …………………… / 002
　　二　2019年中国地方政府互联网服务能力评价结果 ……… / 007
　　三　中国地方政府互联网服务能力发展现状与趋势 ……… / 015
　　四　中国地方政府互联网服务能力发展瓶颈与建议 ……… / 018

Ⅱ 分项能力篇

B.2 2019年中国地方政府互联网服务供给能力分析报告
…………………………………… 张龙鹏　徐　霁　汤志伟 / 023
B.3 2019年中国地方政府互联网服务响应能力分析报告
…………………………………… 张龙鹏　王萌森　李金兆 / 032
B.4 2019年中国地方政府互联网服务智慧能力分析报告
…………………………………… 张龙鹏　董　亮　蒋国银 / 040

Ⅲ 专题篇

B.5 "放管服"改革专题分析报告 ……… 何　阳　冯　翼　王　沙 / 048

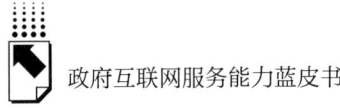

B.6　政务新媒体专题分析报告……………… 雷鸿竹　张海霞　简　青 / 065

B.7　政府回应专题分析报告………………… 冯小东　罗　燕　殷丽娜 / 079

B.8　智慧应用专题分析报告………………… 郭雨晖　王新莹　唐　扬 / 102

Ⅳ　区域篇

B.9　广东省政府互联网服务能力研究报告
　　　　……………………………………… 崔　茜　雷　挺　谢爱玲 / 118

B.10　安徽省政府互联网服务能力研究报告
　　　　……………………………………… 李　梅　蔡运娟　贾　开 / 138

B.11　宁波市政府互联网服务能力研究报告 ……… 刘红芹　王　莉 / 167

B.12　宜昌市政府互联网服务能力研究报告 ……… 杨　柳　高天鹏 / 184

Ⅴ　附录

B.13　2019年中国地方政府互联网服务能力评价指标与权重 ……… / 200

B.14　2019年中国地方政府互联网服务能力评价指标含义与解释
　　　　……………………………………………………………………… / 202

B.15　2019年中国地方政府互联网服务能力监测与评价数据采集点位
　　　　……………………………………………………………………… / 209

B.16　中国地方政府互联网服务能力评价总排名 ………………… / 211

B.17　中国地方政府互联网服务能力监测评价数据采集与应用
　　　技术说明 ………………………………………………………… / 222

Abstract ……………………………………………………………………… / 228

Contents ……………………………………………………………………… / 230

前　言

自 1999 年"政务上网年"以来，我国电子政务建设已经走过了整整 20 年，经历了政府上网工程、电子政务项目建设、"互联网＋政务服务"等阶段，取得了长足发展和卓越成效，政府基于互联网提供政务服务、实现网络履职已经成为常态。

党的十八届三中全会提出将推进国家治理体系和治理能力现代化作为全面深化改革的总目标，在新的时代背景下，系统开展政府互联网履职能力研究，实施中国地方政府互联网服务能力的常态监测和动态评价，可为全面推进政府治理体系和治理能力现代化提供研究和决策支持。

政府互联网服务能力是指政府运用互联网、大数据、云计算、人工智能等新一代信息技术和手段，实现科学决策、精准治理、高效服务，增强人民群众的获得感、幸福感的综合能力，是推进国家治理体系和治理能力现代化的体现。

《中国地方政府互联网服务能力发展报告（2019）》基本沿用 2018 年的评价体系，并根据国家要求和各地发展情况进行了微调，整个评价指标体系比 2018 年要求略有提高。该评价体系的特点主要体现在以下三个方面。

一是价值引导上，政府互联网服务能力评价打破了传统政府网站、政府信息公开等政府互联网服务评价模式，将评价延伸到政府"多网、多微、多端"的全互联网整体服务效能与履职能力上，不仅考量政府互联网前端服务效果，而且聚焦政府本身的履职能力。2019 年深化了"多网、多微、多端"的评价，在多个指标中强化了对政务新媒体的要求，增强评价的全面性。

二是技术支撑上，政府互联网服务能力评价将泛互联网数据作为监测采集对象，创新性地以互联网大数据监测分析为手段，借助机器自动、智能化采集与人工验证相结合,实现评价数据的快速生成和检查回溯。2019年优化了机器采集的设置,加强了人工验证的参与,增强评价的准确性。

三是创新引领上,政府互联网服务能力评价提出服务贯通能力、主动感知能力等具有前瞻性的评价指标,注重政府互联网服务的未来发展趋势,包括主动化、"智能+"等,代表未来政府互联网服务的新趋势和新方向。2019年增加了部分创新评价点位,如围绕营商环境建设等要求,设立了"企业注册开办流程是否按规定简化"等评价点位。

2019年专门增加了"专题"和"区域"两个篇章。专题篇通过分析"放管服"改革、政务新媒体、政府回应和智慧应用四个重点领域对应指标在评价结果中的表现,结合数据研究与案例分析,提出了四个专题领域政府互联网服务能力发展的问题与建议。区域篇聚焦广东省、安徽省、宁波市和宜昌市政府互联网服务能力的发展现状,通过分析、整理四个省市政府互联网服务能力建设的具体数据与典型案例,为我国其他地方政府互联网服务能力发展提供经验与启示。

本项研究开展过程中,成都市经济发展研究院在政府互联网服务能力理论研究、评价指标设计、数据采集与验证等方面做出了重要贡献,北京国双科技有限公司提供了报告数据采集的技术支持,再次表示衷心感谢。

《中国地方政府互联网服务能力发展报告(2019)》是一项探索性集体研究成果,虽然汲取了众多研究者和实践者的建设性意见,团队也做了创造性设计、付出艰辛的努力,但是难免存在不足和缺憾。另外,政府互联网服务能力建设本身是一项任重道远的伟大工程,我们将长期跟踪研究这一课题,并在今后的监测评价研究中广泛听取社会各界的意见和建议,努力为政府互联网履职提供更加科学的评价报告。

2019年6月

总 报 告
General Report

B.1
中国地方政府互联网服务能力评价

王萌森 徐霁 张龙鹏 陈良雨 郭宁 张会平*

摘 要： 本报告阐述了地方政府互联网服务能力的内涵和构成，及政府互联网服务能力评价指标体系设计、数据来源与采集、数据计算方法等，给出评价结果和发现并对未来发展进行分析。报告显示，我国地方政府互联网服务能力发展整体提升显著、区域差异缩小。在未来发展中将呈现三个显著趋势：一是地方政府互联网服务能力对省级政务服务平台提出更高要求，二是优化营商环境背景下政府面向企业的服务将呈现深化趋

---

* 王萌森，成都市经济发展研究院政府网站研究所副所长，研究方向为政府治理、政府网站及电子政府；徐霁，成都市经济发展研究院政府网站研究所所长，研究方向为政府治理、政府网站和电子政府；张龙鹏，电子科技大学公共管理学院副教授，研究方向为电子政务；陈良雨，电子科技大学公共管理学院博士后，研究方向为政府治理创新与教育治理现代化；郭宁，四川大学公共管理学院博士生，研究方向为智慧治理与电子政务；张会平，电子科技大学公共管理学院副教授，研究方向为现代公共管理与电子政务。

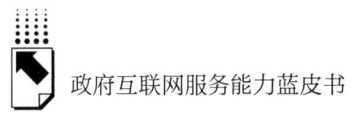

势，三是政务新媒体深度融合已成政府互联网服务能力发展趋势。

关键词： 政府治理　电子政务　互联网治理　互联网服务能力评价

一　政府互联网服务能力内涵与评价

从政府上网工程到数字政府建设，经过近20年的历程，我国电子政府体系已初步建成，政府基于互联网提供政务服务、实现网络履职已成为常态和现实。在推进国家治理体系和治理能力现代化新时代背景下，如何评价政府执政能力、治理能力和服务能力，需要将政府互联网服务能力建设作为抓手。2018年，各地方政府大力推进互联网服务创新，中国地方政府互联网服务能力发展呈现新态势、表现出新特征、取得了新进展。

（一）政府互联网服务能力的内涵

互联网发展到一定阶段，政府基于互联网提供政务服务、实现网络履职已经成为常态和现实，公众对政府服务的需求也逐渐转为线上诉求。政府治理能力已经上升到新的阶段，政府互联网服务能力成为一个新的命题。

政府互联网服务能力是指政府运用互联网、大数据、云计算、人工智能等新一代信息技术和手段，实现科学决策、精准治理、高效服务，增强人民群众的获得感、幸福感的综合能力，是推进国家治理体系和治理能力现代化的体现。

（二）政府互联网服务能力的构成

基于政府互联网服务能力的内涵，其核心内容是政府通过信息化、智能化手段，实现服务的主动供给和基于公众服务需求的精准响应。因此，政府互联网服务能力可以分为服务供给能力、服务响应能力和服务智慧能力。

1. 服务供给能力

服务供给能力是指政府运用互联网主动提供服务的能力，是政府服务供给规范程度、协同水平和贯通效果的综合体现。主要包括目录覆盖能力、应用整合能力和服务贯通能力。

2. 服务响应能力

服务响应能力是指政府运用互联网渠道回应公众和企业需求的能力，是线上渠道建设效果和线下服务整体水平的综合体现。主要包括服务诉求受理能力、办事诉求响应能力和互动诉求反馈能力。

3. 服务智慧能力

服务智慧能力是指政府通过互联网满足公众和企业多元化需求的能力，是政府服务应用效果和智能服务水平的综合体现。主要包括应用适配能力、智能交互能力和个性化服务能力。

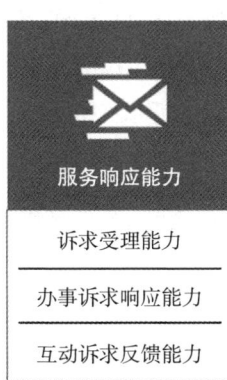

图1　政府互联网服务能力构成模型

（三）中国地方政府互联网服务能力评价

本报告基本沿用了2018年报告评价体系，并根据国家要求和各地发展情况进行了微调，主要涉及三级指标优化、指标权重调整、评价点位优化，整个评价指标体系比2018年报告要求略有提高。该评价体系的特点主要体现在以下三个方面。

一是在价值引导上,政府互联网服务能力评价打破了传统政府网站、政府信息公开等政府互联网服务评价模式,将评价延伸到政府"多网、多微、多端"的全互联网整体服务效能与履职能力,不仅考量政府互联网前端服务效果,而且聚焦政府本身的履职能力。本报告深化了"多网、多微、多端"的评价,在多个指标中强化了对政务新媒体的要求,增强评价的全面性。

二是在技术支撑上,政府互联网服务能力评价将泛互联网数据作为监测采集对象,创新性地以互联网大数据监测分析为手段,借助机器自动、智能化采集与人工验证相结合,实现评价数据的快速生成和检查回溯。本报告优化了机器采集的设置,加强了人工验证的参与,增强评价的准确性。

三是在创新引领上,政府互联网服务能力评价提出"服务贯通能力""主动感知能力"等具有前瞻性的评价指标,注重政府互联网服务的未来发展趋势,包括主动化、智能+等,代表未来政府互联网服务的新趋势和新方向。本报告增加了部分创新评价点位,如围绕营商环境建设等要求,设立了"企业注册开办流程是否按规定简化"等评价点位;针对社会热点,设立"宫颈癌疫苗接种办事贯通度"和"个人所得税办理响应度"等评价点位,增强评价的创新性。

1. 指标体系设计

本报告评价指标体系设计为三级,包括3个一级指标、9个二级指标和31个三级指标,具体设计如表1所示。

表1 政府互联网服务能力评价指标体系

一级指标	二级指标	三级指标
服务供给能力 (40%)	目录覆盖能力 (30%)	责任清单(25%)
		权力清单(25%)
		政府信息公开目录(25%)
		公共服务清单(25%)

续表

一级指标	二级指标	三级指标
服务供给能力（40%）	应用整合能力（30%）	平台整合能力（40%）
		平台应用能力（45%）
		数据开放（15%）
	服务贯通能力（40%）	社保领域（12%）
		教育领域（8%）
		医疗领域（12%）
		就业领域（8%）
		住房领域（8%）
		交通领域（8%）
		企业注册开办（16%）
		企业经营纳税（14%）
		创新创业领域（14%）
服务响应能力（40%）	诉求受理能力（30%）	互动诉求受理能力（50%）
		办事诉求受理能力（50%）
	办事诉求响应能力（35%）	网上政务服务办理一级标准（20%）
		网上政务服务办理二级标准（20%）
		网上政务服务办理三级标准（30%）
		网上政务服务办理四级标准（30%）
	互动诉求反馈能力（35%）	诉求回复响应能力（40%）
		诉求回复应用能力（30%）
		主动感知能力（30%）
服务智慧能力（20%）	应用适配能力（40%）	功能适配度（65%）
		应用拓展度（35%）
	智能交互能力（40%）	智能搜索能力（50%）
		智能问答能力（50%）
	个性化服务能力（20%）	定制服务能力（75%）
		智能推送能力（25%）

2. 数据来源与采集

本报告数据采集①包括技术采集和人工采集两部分，其中技术采集点位达72%。充分运用机器自动化、智能化、快速化、系统化的大数据技术采集

① 本报告数据采集时段为2018年12月至2019年1月。

手段，是本评价的重要创新之一。

（1）技术采集

技术采集是本次评价所采取的主要采集方式，其主要特点体现在以下四方面。

第一，多频度采集。本次评价共开展4次数据全面采集，数据采集系统实现了原始数据的回溯和对比，做到可查询、可验证。

第二，全样本抓取。本次采集范围涵盖各类泛互联网渠道，平均每次采集数据总量约为10亿条，其中网页数据2700余万条、微博微信数据约94万条、搜索引擎数据约43万条等。

第三，智能化采集。数据采集采用了分布式爬虫、智能学习、浏览器模拟等智能手段，实现了6级网页数据采集、100%抓取无拒绝、功能代码不丢失的效果，互联网数据采集率达90%以上。

第四，精准化清洗。共清洗非政府服务数据510余万条、有害页面90余万个、重复内容70余万条、广告内容130余万条等，保障了评价数据和结果的权威度和准确性。

数据技术采集由北京国双科技有限公司提供支撑。

（2）人工采集

人工采集约占本次评价采集点位的28%，主要点位是采集技术无法爬取的数据和需人机交互的部分指标内容。

人工采集和相关验证工作由30名公共管理专业（电子政务方向）硕士研究生和"互联网＋智慧信息系统"实验班本科生集中完成。

3. 数据计算方法

本报告监测与评价在数据采集、结果导出、数据分析等方面采用了专业技术工具与科学计算方法，保障评价结果的客观、准确。

（1）数据采集方面。本评价依托政务大数据监测采集系统，对186个技术采集点和71个人工采集点进行采集，针对"数据有无""数据量""数据集合度"等不同指标评价需求，采用递推计算、递归计算、分治法等进行数据计算，导出、存储并通过人工智能技术对计算结果进行验证。

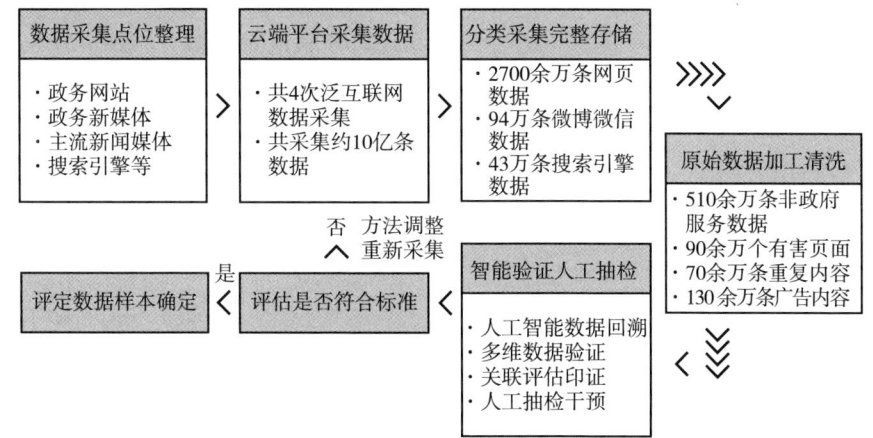

图 2　政府互联网服务能力评价数据采集流程

（2）结果导出方面。本评价按照三级指标权重和评价原则，共研究设计 20 余个计算公式，对按指标采集的 87342 个样本数据进行分值转化计算，形成 333 个地级行政区的评价结果（分值）和按能力类别的分类排名。

（3）数据分析方面。本评价基于评价结果数据和分类排名情况，运用差分趋势分析、聚类分析和描述统计分析等计算分析方法进行多维数据计算，形成各地发展阶段等级划分，各地域发展状况差异化对比，一、二级指标服务能力发展态势等分析成果，支撑能力现状、区域特征、发展趋势等分析结论产生。

二　2019年中国地方政府互联网服务能力评价结果

（一）中国地方政府互联网服务能力评价结果

本报告评价涉及 333 个地级行政区，满分是 100 分。以中国地方政府互联网服务能力的评价得分为基础，通过差分趋势可见，宜宾市、益阳市、周口市的差分结果相对显著,可以作为中国地方政府互联网服务能力得分的分界点。根据以上三个点位,可将中国地方政府互联网服务能力的评价得分从高到低划分为创新领先、积极追赶、稳步推进、亟待发展四种类型。

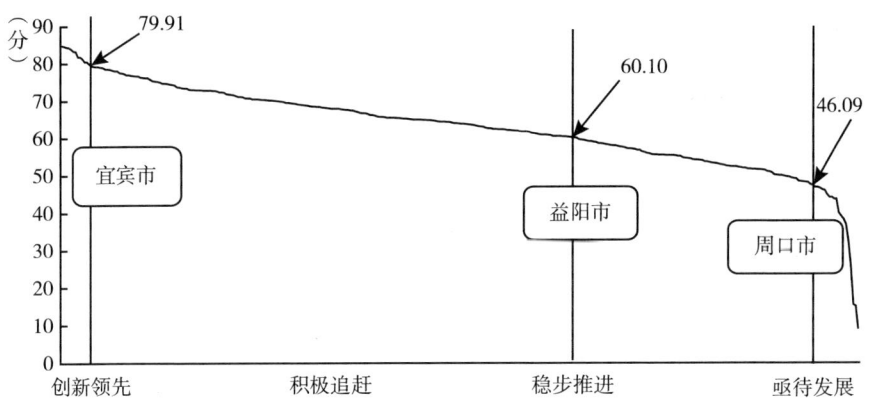

图3 中国地方政府互联网服务能力总体分布

中国地方政府互联网服务能力的四种类型:创新领先、积极追赶、稳步推进、亟待发展,分别对应A、B、C、D四个等级。对A、B、C三个等级内的地方政府互联网服务能力得分进行平均划分,在每个等级内部再分成三个级别,并根据相应得分对样本进行分类(见表2)。

A 创新领先类	B 积极追赶类
14个地级行政区,约占总样本的4%,整体得分均在79.91分及以上,其政府互联网服务能力位于A类等级	202个地级行政区,约占总样本的61%,整体得分位于60.10分至79.91分的区间内,其政府互联网服务能力位于B类等级
C 稳步推进类	D 亟待发展类
103个地级行政区,约占总样本的31%,整体得分位于46.09分至60.10分的区间内,其政府互联网服务能力位于C类等级	14个地级行政区,约占总样本的4%,整体得分位于46.09分以下,均为地市级城市,其政府互联网服务能力位于D类等级

图4 中国地方政府互联网服务能力等级分布

表2 中国地方政府互联网服务能力评价等级分类

类型	等级	副省级城市/省会城市	地级市
创新领先 [79.91,100]	A+ (83.17)	深圳市 成都市 广州市	阳江市、常州市、江门市、莆田市
	A (81.54)	宁波市 贵阳市	宣城市
	A- (79.91)	武汉市	湛江市、宜昌市、宜宾市
积极追赶 [60.10,79.91)	B+ (73.04)	合肥市 银川市 厦门市	潍坊市、中山市、临沂市、芜湖市、黄山市、岳阳市、亳州市、滁州市、荆门市、自贡市、蚌埠市、梅州市、湘潭市、舟山市、株洲市、防城港市、扬州市、枣庄市、黄冈市、资阳市、六安市、宁德市、宜春市、晋中市、河源市、南通市、上饶市、泰安市、凉山彝族自治州、咸宁市、襄阳市、镇江市、铜川市、淮北市、雅安市、铜陵市、景德镇市、九江市、泰州市、汕尾市
	B (66.57)	福州市 拉萨市 沈阳市 杭州市 长沙市	攀枝花市、梧州市、无锡市、池州市、金华市、揭阳市、烟台市、三明市、珠海市、汕头市、佛山市、温州市、威海市、佳木斯市、龙岩市、肇庆市、荆州市、洛阳市、潮州市、铜仁市、昭通市、绍兴市、丽水市、庆阳市、绵阳市、毕节市、淄博市、吴忠市、南平市、滨州市、东营市、宿州市、孝感市、定西市、濮阳市、巴中市、怀化市、安顺市、马鞍山市、聊城市、晋城市、永州市、茂名市、北海市、许昌市、德阳市、湖州市、东莞市、济宁市、驻马店市、广安市、南充市、乐山市、苏州市、黔西南布依族苗族自治州、伊犁哈萨克自治州、锡林郭勒盟、嘉峪关市、焦作市、安庆市、伊春市、儋州市、惠州市、云浮市、达州市、延安市、泉州市、酒泉市

续表

类型	等级	副省级城市/省会城市	地级市
积极追赶 [60.10,79.91)	B- (60.10)	昆明市 青岛市 南昌市 南宁市 济南市 南京市 海口市 石家庄市 郑州市 西安市 长春市 太原市	宿迁市、邵阳市、常德市、唐山市、朔州市、克孜勒苏柯尔克孜自治州、韶关市、盘锦市、嘉兴市、丹东市、盐城市、钦州市、内江市、安康市、中卫市、柳州市、六盘水市、通辽市、菏泽市、清远市、巴彦淖尔市、黄石市、阿坝藏族羌族自治州、连云港市、德州市、阜阳市、双鸭山市、信阳市、淮南市、台州市、淮安市、衡阳市、三门峡市、玉溪市、遵义市、长治市、克拉玛依市、衢州市、随州市、锦州市、鞍山市、南阳市、葫芦岛市、张家界市、十堰市、沧州市、漳州市、鹤壁市、恩施土家族苗族自治州、抚州市、平凉市、四平市、汉中市、泸州市、眉山市、湘西土家族苗族自治州、桂林市、贺州市、西双版纳傣族自治州、开封市、石嘴山市、咸阳市、来宾市、日照市、延边朝鲜族自治州、平顶山市、鹰潭市、陇南市、郴州市、安阳市、临汾市、运城市、吕梁市、益阳市
稳步推进 [46.09,60.10)	C+ (55.12)	西宁市 呼和浩特市 哈尔滨市	黔东南苗族侗族自治州、大同市、阳泉市、松原市、黔南布依族苗族自治州、辽阳市、金昌市、辽源市、三亚市、昌吉回族自治州、玉林市、包头市、商丘市、营口市、新余市、通化市、吉林市、娄底市、阿勒泰地区、白山市、天水市、武威市、七台河市、楚雄彝族自治州、阿克苏地区、保山市、商洛市、红河哈尼族彝族自治州、普洱市、新乡市、赤峰市、遂宁市、漯河市、丽江市、乌海市、百色市、呼伦贝尔市、榆林市、崇左市、吉安市
	C (50.61)	乌鲁木齐市 兰州市	白城市、承德市、徐州市、鄂州市、朝阳市、萍乡市、秦皇岛市、贵港市、忻州市、大庆市、河池市、白银市、大理白族自治州、乌兰察布市、赣州市、兴安盟、抚顺市、临夏回族自治州、鸡西市、大兴安岭地区、张掖市、广元市、本溪市、渭南市、邢台市、喀什地区、怒江傈僳族自治州、巴音郭楞蒙古自治州、临沧市、黑河市、邯郸市、衡水市、吐鲁番市、阿拉善盟、宝鸡市、廊坊市
	C- (46.09)	大连市	绥化市、甘孜藏族自治州、铁岭市、甘南藏族自治州、曲靖市、保定市、迪庆市、海东市、和田地区、昌都市、文山壮族苗族自治州、固原市、鹤岗市、海西蒙古族藏族自治州、张家口市、鄂尔多斯市、玉树藏族自治州、日喀则市、林芝市、德宏傣族景颇族自治州、周口市
亟待发展 [0,46.09)	D		塔城地区、哈密市、博尔塔拉蒙古自治州、阜新市、齐齐哈尔市、牡丹江市、海南藏族自治州、海北藏族自治州、果洛藏族自治州、黄南藏族自治州、三沙市、阿里地区、那曲市、山南市

（二）中国地方政府互联网服务能力评价结果分析

1. 互联网服务能力等级分布情况总体分析

中国地方政府互联网服务能力整体提升显著，形成橄榄球形的等级分布形态。如图5所示，在2019年报告中，我国已有14个地级行政区进入创新领先类，202个地级行政区进入积极追赶类，两类地级行政区占比约65%。在2019年评价标准有所提升的前提下，这表明我国大部分地方政府的互联网服务能力已取得良好的发展，形成橄榄球形的等级分布形态。与2018年报告的数据相比，地方政府互联网服务能力整体提升显著，创新领先类地级行政区由12个增加到14个，增幅16.7%；积极追赶类地级行政区由165个增加到202个，增幅22.4%。相应地，稳步推进类地级行政区由149个减少到103个，降幅30.9%。值得注意的是，亟待发展类地级行政区却由8个增加到14个，增幅75%，这说明部分地级行政区政府互联网服务能力在评价标准提高的情况下发展停滞不前，掉入亟待发展类。

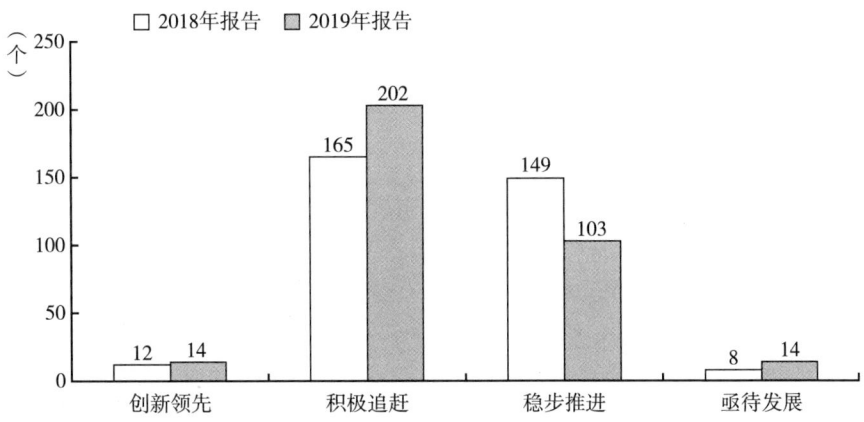

图5　地方政府互联网服务能力等级分布的年度比较

2. 互联网服务能力一级指标发展程度总体分析

服务供给能力与服务响应能力发展程度相当，服务智慧能力发展略有滞后。如图6所示，2019年报告的数据显示，地方政府的服务响应能力发展程度最高，得分均值为25.9分,得分率为64.8%;服务供给能力发展程度次之,得分均值为25.3分,得分率为63.3%;服务智慧能力发展程度最低,均值为11.8分,得分率为59%。由此可见,服务供给能力与服务响应能力的发展程度相近,得分率均超过了60%,说明我国地方政府基本能够借助互联网等新一代信息技术为公众提供良好的政务服务,并及时响应公众诉求。相比之下,服务智慧能力的发展略有滞后,但与服务供给能力和服务响应能力的差距不明显。总体来看,我国地方政府互联网服务能力已取得不错的成绩,但仍存在较大的提升空间。

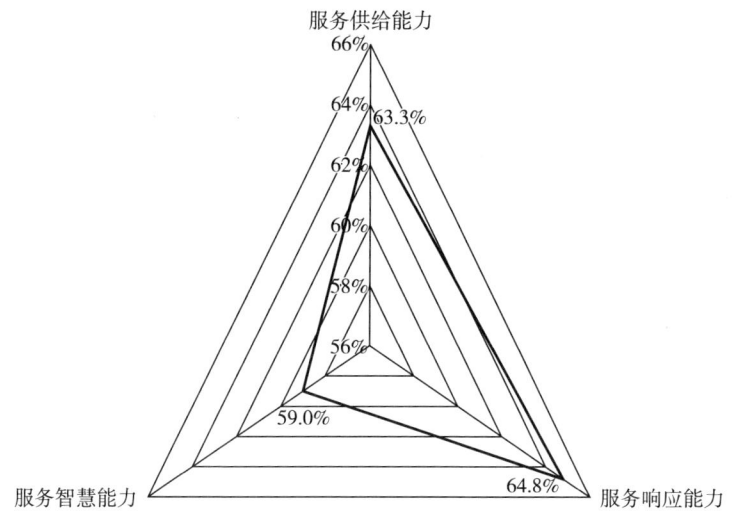

图6 地方政府互联网服务能力一级指标均值得分率(2019年报告)

进一步从三个分项能力的变化情况上看,服务供给能力得分2018年报告均值为26.77分,2019年报告均值为25.3分,出现一定下滑,其原因主要是供给能力评价指标要求和标准相对提升较多,在供给能力发展已进入平稳期、各地供给能力方面的建设已基本完成的情况下,未能满足指标体系提升的要求。服务响应能力得分2018年报告均值为20.88分,2019年报告均值为25.9分,出现大幅上升,其原因主要是我国各省的统一政务服务网建设进程加快且基本建成,平台进一步推动了互联网办事服务能力的提升,对响应能力有明显促进作用;服务智慧能力得分2018年报告均值为8.99分,

2019年报告均值为11.8分,出现了明显提升,其原因主要是随着新一代信息技术的发展,各地政府互联网平台的智能化水平显著提升。

3. 互联网服务能力的区域比较分析

我国地方政府互联网服务能力的区域差异呈缩小趋势,中、西部与东部的互联网服务能力差距缩小明显,但东北与东部的差距无显著变化。如图7所示,东北互联网服务能力得分均值占东部的比重从83.38%稍微回落到83.07%,降幅为0.4%,说明东北地方政府互联网服务能力没有实质性的提升。中部互联网服务能力得分均值占东部的比重从93.34%上升到97.66%,涨幅为4.63%。西部互联网服务能力得分均值占东部的比重从80.87%上升到85.41%,涨幅为5.61%。由此可见,中、西部地方政府在不断缩小与东部地区在互联网服务能力上的差距,并且中部地区的互联网服务能力已经接近东部地区,西部地区的互联网服务能力已经反超东北地区。

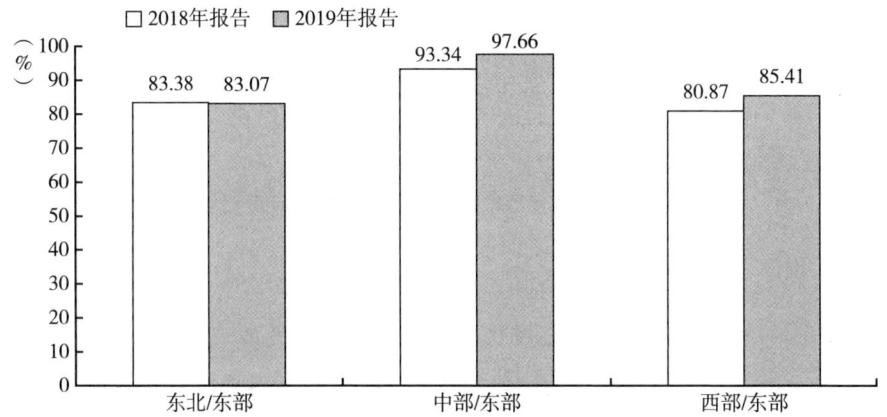

图7 地方政府互联网服务能力的区域比较

省级政府互联网服务能力整体上升,且省际差异不断缩小。如图8所示,与2018年报告相比,在2019年报告中,除黑龙江省外,其余各省政府互联网服务能力①均出现了不同程度的提高。宁夏、广西、安徽、山西、新

---

① 省级政府互联网服务能力得分为省内各地级行政区政府互联网服务能力得分的均值。

疆、山东等省份的政府互联网服务能力提升速度较快，其中，宁夏的提升幅度最大，从49.94分上升到63.98分，涨幅28.11%。在2019年报告中，广东、安徽、福建是政府互联网服务能力最高的三个省份，得分分别为74.22分、74.06分、72.37分。从省际差异来看，在2018年报告中，各省政府互联网服务能力得分的标准差为9.33分；而在2019年报告中，标准差下降为8.98分，这说明政府互联网服务能力的省际差距呈缩小趋势。

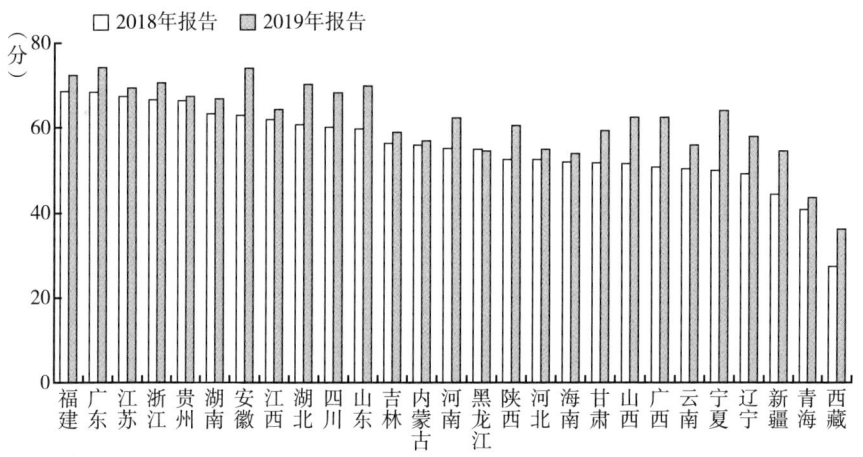

图8　省级政府互联网服务能力得分的年度比较

省内地级行政区之间的政府互联网服务能力差距并未呈现整体缩小趋势，加强省级政务服务平台建设仍是未来互联网服务能力建设的重点。如图9所示，在2019年报告中，吉林、浙江、安徽是省内地级行政区间政府互联网服务能力标准差①最小的三个省份，表明其省内地级行政区之间政府互联网服务能力的发展相对均衡。相比之下，宁夏、海南、西藏是标准差最大的三个省份，说明其省内地级行政区之间政府互联网服务能力的发展存在较大的差距。通过比较2018年报告与2019年报告的数据可以发现，并非所有

---

① 政府互联网服务能力标准差衡量了地级行政区之间互联网服务能力的差异，标准差越大，说明地区间的互联网服务能力差距越大；标准差越小，说明各地区互联网服务能力发展更为均衡。

省份的标准差都呈现缩小趋势。据统计,有15个省份的标准差有所下降,吉林、广西、山东的标准差下降较快;相应地,12个省份的标准差出现了上升,海南、西藏、宁夏的标准差上升较快。因此,对于标准差较大或上升的省份仍需进一步加强省级政务服务平台建设,丰富平台功能,拉动全省统一发展。

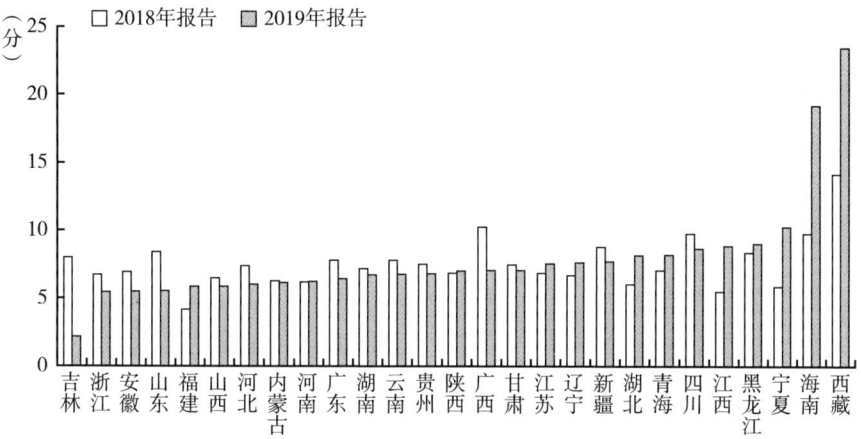

图9 省内地级行政区间政府互联网服务能力标准差的年度比较

三 中国地方政府互联网服务能力发展现状与趋势

(一)中国地方政府互联网服务能力发展现状

1. 中国地方政府互联网服务能力整体提升显著

在中央政府持续推进和地方政府持续努力下,中国地方政府互联网服务能力发展整体提升显著。一是创新领先类和积极追赶类的地级行政区数量大幅增加,整体发展向好。二是服务响应能力成为整体提升的重要因素,随着2018年各省级政务服务平台的建设,服务响应能力提升较快,表明我国"互联网+政务服务"推进工作取得了显著成效。三是城市间分值与排名变动较为明显,表明大部分地级行政区都在积极提升互联网服务能力,国内地方政府互联网服务能力建设仍处于探索与调整时期。

2. 中国地方政府互联网服务能力区域差异缩小

从区域发展看,东部地区依然处于领先位置,但是中、西部地区与东部地区的差距在缩小,中、西部地区的一些地级行政区,如宜昌市、武汉市、合肥市、银川市的排名提升明显,中部地区的互联网服务能力已经接近东部地区。东北与东部的差距无显著变化,但是一些地级行政区如长春市、哈尔滨市、大连市的排名略微下降。西部地区的互联网服务能力已经超过东北地区。

3. 服务供给能力持续优化,政务新媒体发展迅速

服务供给能力整体变化不明显。服务供给能力评价指标新增了部分测评内容,评价标准更为严格。评价数据显示,地级行政区互联网服务供给能力均值得分率达到63.3%,与上年相比变化不明显,绝大部分地方政府都在持续努力以实现服务供给的规范化。

民生领域优于企业生产经营领域。服务贯通能力是推动服务供给能力发展的重要维度,住房与社保领域的服务贯通能力相对较高,均值得分率分别为82.81%、80.21%;企业开办领域相对较低,均值得分率为59.77%。

应用整合能力中政务新媒体表现突出。全国有296个地级行政区拓展了移动应用的渠道,总体覆盖率达到88.88%。但全国有将近57%的地级市政府移动应用端(客户端App、微信平台)对移动服务整合程度未达到标准,移动服务供给较为分散,微信平台整合能力还需提高。

4. 服务响应能力提升显著,省级政务平台作用明显

服务响应能力提升显著。服务响应能力的均值得分为25.9,与上年相比显著提升,增幅达到24%。服务响应能力的均值得分率超过服务供给能力,其中二级指标"诉求受理能力"得分率接近90%。

省级政务服务平台对地区整体发展水平作用明显。以省级平台建设较为成熟的广东省与进步最快的安徽省为例,本次评价中广东省总分位居前10%的地级市共有9个,位居全国前10%的城市比例达到43%;本次评价

中安徽服务响应能力得分均值33.07分，为省级最高，比上年上涨了40.9%，表明省级整体服务能力在全国处于领先地位，与其省级政务服务平台整体发展水平领先密切相关。

5. 服务智慧能力有较大突破，应用效果需持续优化

服务智慧能力有较大程度的发展与突破。服务智慧能力的评价指标进行了调整细化，难度上涨比例达32.5%，但本次评价的服务智慧能力得分均值为11.8分，比上年增长了31.26%，发展态势明显。有144个地级行政区分数增加超过1分，60个地级行政区实现零的突破。

智能搜索与问答成趋势，但效果差异性较大。全国333个地级行政区中有149个已开通智能问答功能，较上年增长50%。但能准确回答抽样问题的仅有16个城市，占已设立智能问答系统城市的10.7%。

个性化管理与推送仍待进一步优化。除收藏和分享政务信息等简单应用，个人办事信息流程查询得益于省级政务服务的统筹建设，实现率达到37.5%。但通过用户个人历史痕迹实现个性化实时推送和长期推送功能的，在目前333个地级行政区互联网服务中仍还未发现值得推崇的典型案例。

（二）中国地方政府互联网服务能力发展趋势

中国地方政府互联网服务能力呈现服务供给规范化发展、服务响应一体化发展、服务方式智慧化发展的总体趋势。其中，以下三个趋势较为突显。

1. 政府互联网服务能力对省级政务服务平台提出更高要求

报告数据和研究显示，地方政府互联网服务能力整体水平与其省级政务服务平台发展水平关联紧密。省级政务服务平台规范化、标准化、集约化发展初见成效并成必然趋势。各省级政务服务平台需发挥好服务规范、数据汇集、技术集约的优势，不断优化省级平台与地市级平台责任分工与融合发展，在政务服务便利化、移动端服务整合度、智慧个性服务实用性等方面发挥更大作用，减少各省域内地级行政区政府互联网服务能力差异，使政府互联网服务能力得到总体提升。

2. 优化营商环境背景下政府面向企业服务将呈现深化趋势

报告数据和研究显示，地方政府互联网服务能力普遍在民生服务领域高于企业生产经营领域。在我国着力优化营商环境，深入推进"放管服"改革背景下，政府应充分运用互联网、大数据、云计算、人工智能等信息化技术手段，围绕市场主体切实需求，在政务服务事项办理基础上，完善政策解读、监督管理、主动回应、及时交流、服务推送等服务内容，延伸服务深度、拓展服务形式、主动研判需求，建立全生命周期服务体系，激发市场主体活力。

3. 政务新媒体深度融合已成政府互联网服务能力发展趋势

报告数据和研究显示，地方政府政务新媒体覆盖率高且数量众多，但应用效果与服务融合性较差。按照国务院办公厅推进政务新媒体建设相关文件要求，政务新媒体与政府其他互联网渠道服务深度融合已成为发展趋势。应从政务发布内容、公众需求满足、服务方式和功能、服务整体协同联动等方面，不断提升政务新媒体水平，从而提高政府互联网服务能力。

四 中国地方政府互联网服务能力发展瓶颈与建议

（一）中国地方政府互联网服务能力发展瓶颈

政府互联网服务并非新兴事物，经过近二十年的长足发展，政府通过互联网提供政务服务已成为常态。尽管政府互联网服务在技术变革的浪潮中，呈现新态势、表现出新特征、取得了新进展，但与迅猛发展的技术与时代背景相比，其发展仍较为缓慢。特别是评价结果显示，目前地方政府在服务供给能力、服务响应能力和服务智慧能力中，均存在某些亟待解决的具体问题。整体上看，中国地方政府互联网服务能力的发展主要受到三个方面的制约。

1. 发展逻辑重建设、轻应用

虽然政府互联网服务的载体已从传统的政府网站转向"多网、多微、多端"，旨在为用户提供多渠道、便捷化的政务服务。但是从政府互联网服务的发展逻辑上看，仍然是自上而下的建设逻辑大于自下而上的应用逻辑。

一方面，地方政府热衷于开展平台体系等基础设施的建设与整合工程，积极拓展政务微信、政务App等服务渠道，增强电脑端、手机端、平板端等不同终端的兼容性，其互联网服务能力在一些方面取得了非常显著的成效，例如功能适配程度得分率已达到85.96%。而另一方面，地方政府的互联网服务更多以建设的逻辑开展，而非从用户的实际需求着手寻求应用的贯通与深化，造成应用效果欠佳的问题，例如，在应用整合能力模块中，平台整合的得分率高达77.08%，而平台应用的得分率仅为49.26%。

由此可见，自上而下的建设逻辑促进了政府互联网服务硬实力的快速提升，使地方政府在自上而下的部署中迅速推进项目建设，实现硬件的"从无到有"。但建设逻辑下的发展方式制约了政府互联网服务软实力的深入挖掘，随着项目的完工，建设逻辑下的地方政府便难以精准定位用户需求，难以实现服务的"由浅及深"。重硬件投入、轻软件服务导致地方政府互联网服务停留在表面，造成服务的贯通程度较低，进而很难形成"用户黏性"，很难让公众形成长期和稳定的使用习惯。

2. 新技术基础薄弱、应用较浅

政府对互联网、大数据、云计算、人工智能等新一代信息技术和手段的运用水平，是政府互联网服务能力的重要表征之一。"让数据多跑路，人民少跑腿"也成为目前政府互联网服务和网络履职的重要目标。但是在实际推进过程中，技术应用存在基础薄弱、应用较浅等障碍。

一方面，大数据应用基础薄弱，由于数据的权属、密级等缺乏具有法律效力的标准和规范，数据的脱敏、去隐私化技术尚不成熟，而政务大数据的应用场景还亟待挖掘，因此地方政府往往很难有动力在应用价值不明显的状况下，冒巨大的风险推进数据开放；评估结果显示，全国地方政府的数据开放程度均值得分率仅为38.89%，这直接导致技术应用缺乏有效数据支撑。另一方面，智慧技术应用较浅，目前智慧服务的应用场景还处于起步探索阶段,主要应用在智能搜索、智能问答等浅层服务中;评估结果显示,大多数地级行政区的政府网站及各类平台尚未设置人工智能问答功能,智能答复的真实度和准确度并不高,同时有44个地级行政区的智能交互能力得分为0,占比13.21%。

由此可见,尽管新一代信息通信技术在促进政府互联网服务能力提升的系列政策文件中得到了高度的重视,但是在实际运用过程中仍然是难以突破的瓶颈之一。而新技术应用的不成熟导致其在政府互联网服务中发挥的作用十分有限,如果新技术只是政府网络履职华丽的外衣,那么政府互联网服务将无法真正降低人工成本,提高服务效率。

3. 基层部门人员积极性不足

地方政府互联网服务能力的发展并非由高层领导的决策一蹴而就的,而是依赖于提供互联网服务的各个部门,尤其是基层部门的一线工作人员。他们既是平台的应用者也是服务的提供者,他们是地方政府互联网服务的根基,决定着地方政府互联网服务能力的高低。政府互联网服务的新发展拓展了服务渠道,新建的"多网、多微、多端"给原本就在庞杂繁多的业务系统中应接不暇的基层部门一线服务人员增加了工作强度和压力。渠道、平台、系统尚未实现深度融合,导致本应在政府互联网服务中获益的基层部门人员缺乏积极性。

基层部门人员积极性不足是阻碍地方政府互联网服务能力发展的重要原因之一,直接影响公共服务清单的梳理、办事诉求的响应与反馈等能力。从评估结果上看,地方政府在公共服务清单上的平均得分率仅为44.67%;办事诉求响应能力整体水平偏低,目前仍处于起步阶段,全国161个地级行政区的办事诉求响应能力超过全国平均水平,占比48.35%;互动诉求反馈能力提升缓慢,全国154个地级行政区的互动诉求反馈能力超过全国平均水平,占比46.25%,同时,诉求回复响应能力与诉求回复应用能力也出现下滑。

由此可见,基层部门人员积极性不足使政府互联网服务能力的提升缺乏有效动力,从而导致地方政府的互联网服务能力提升工作被迫流于形式,难以真正在政府内部普遍推广、高效应用，难以真正形成"科学决策、精准治理、高效服务"的政府互联网服务机制。

（二）中国地方政府互联网服务能力发展建议

1. 以用带建，注重政府互联网服务体系的应用性

转变发展理念，以应用带动建设，实现自上而下的建设逻辑与自下而上的应用逻辑并驾齐驱，共同推进中国地方政府互联网服务能力纵深发展。政府互联网服务不是一次性的建设工程，平台的运营维护、应用的开发完善、服务的深化创新等都需要长期的发展和持续的优化。以用带建，就是从用户最迫切希望解决的问题出发，以满足实际需求为方向，进一步推进服务贯通，实现政府互联网服务的"可用、好用、爱用"。

2. 以智代劳，加强智能技术与政务服务的深度融合

深化新技术应用，开发应用场景，扩展应用领域。一方面构建包含数据采集、管理、分析、应用的政务大数据价值链模型，为政府互联网服务的智慧化提供完备的数据基础；另一方面，将人工智能技术适当地嵌入政务服务流程中，并挖掘其应用价值，使智能技术逐步对某些政务服务流程中的人工进行分流和替代，进而降低人工成本、提升政府互联网服务的效率，实现智能技术与政务服务的深度融合。

3. 以简代繁，提升政府网络履职的效率与获得感

继续推进平台体系的系统整合，在政府部门内部形成统一的贯通的业务系统。政府互联网服务能力发展是"做减法"，无论对于公众而言，还是对于政府基层部门一线办事人员而言，都应体现为办理过程的简化。而政府互联网服务的多渠道获取不应以增加办事人员本就繁重的工作为前提，因此，应进一步促进多渠道的后台深度融合，推进线上、线下服务的一体化，促进流程再造、融合人工智能技术，进一步化繁为简，使一线办事人员成为地方政府互联网服务能力发展的获益者和推动者，进一步提升政府网络履职的效率与工作人员的获得感。

参考文献

汤志伟、张龙鹏、李梅、张会平:《地方政府互联网服务能力及其影响因素研究——基于全国334个地级行政区的调查分析》,《电子政务》2019年第7期。

阎星、李金兆:《政府门户网站:中国电子政府的现实路径》,《电子政务》2010年Z1期。

郭念东、李金兆、阎星:《政府门户网站建设:理论与实务》,四川出版集团·四川科学技术出版社,2008。

汪玉凯、李金兆:《信息化生态下电子政府的道路与选择》,《四川日报》2011年10月3日,第3版。

汪玉凯、李金兆等:《中国电子政府模式与选择》,国家行政学院出版社,2010。

张会平、郭宁:《共同趋势和不同取向:国内外电子化公共服务研究对比分析》,《情报杂志》2018年第2期。

张会平、李茜、邓琳:《大数据驱动的公共服务供给模式研究》,《情报杂志》2019年第3期。

李金兆、董亮、徐霁:《基于政府门户网站推动政务流程再造》,《中国信息界》2009年第3期。

张锐昕、李健:《政府电子公共服务的内涵和外延》,《行政论坛》2015年第4期。

高小平:《借助大数据科技力量寻求国家治理变革创新》,《中国行政管理》2015年第10期。

Hardy K., Maurushat A., "Opening up Government Data for Big Data Analysis and Public Benefit", *Computer Law & Security Reviews* 33 (2017): 30-37.

Layne K., Lee J., "Developing Fully Functional E-government: A Four Stage Model", *Government Information Quarterly* 18 (2001): 122-136.

Linders D., "From E-Government to We-Government: Defining a Typology for Citizen Coproduction in the Age of Social Media", *Government Information Quarterly* 29 (2012): 446-454.

分项能力篇

Sub-capbility Reports

B.2
2019年中国地方政府互联网服务供给能力分析报告

张龙鹏 徐霁 汤志伟*

摘 要： 本报告从整体表现、区域差异、分项能力三个维度分析了中国地方政府互联网服务供给能力的发展态势。数据表明，互联网服务供给能力整体向好。从区域差异看，互联网服务供给能力的省域差距在缩小；地级行政区间互联网服务供给能力的差异依然显著，且大于省域差异。就分项能力而言，目录覆盖能力、服务贯通能力、应用整合能力三项细分能力中服务贯通能力表现出色，应用整合能力有待进一步提升。

关键词： 服务供给 服务应用 政府信息公开 政府互联网服务

---

* 张龙鹏，电子科技大学公共管理学院副教授，研究方向为电子政务；徐霁，成都市经济发展研究院政府网站研究所所长，研究方向为政府治理、政府网站与电子政府；汤志伟，电子科技大学公共管理学院教授、院长，研究方向为公共危机治理、电子政务、智慧社会。

一 整体表现

中国地方政府互联网服务供给能力整体向好，目录覆盖能力、服务贯通能力、应用整合能力三项细分能力中服务贯通能力表现出色，应用整合能力有待进一步提升。全国333个地级行政区互联网服务供给能力的均值为25.30分，得分率①则为63.25%。如图1所示，有192个地级行政区服务供给能力的得分超过全国平均水平，占比57.66%；234个地级行政区服务供给能力得分率超过60%，占比70.27%。相比2018年报告的评价指标体系，2019年报告的评价指标新增了测评内容，并且评价标准更为严格，在此背景下，大多数地方政府的服务供给能力仍达到了及格水平，这说明中国地方政府基本能够按照规定动作向社会供给良好的互联网服务。

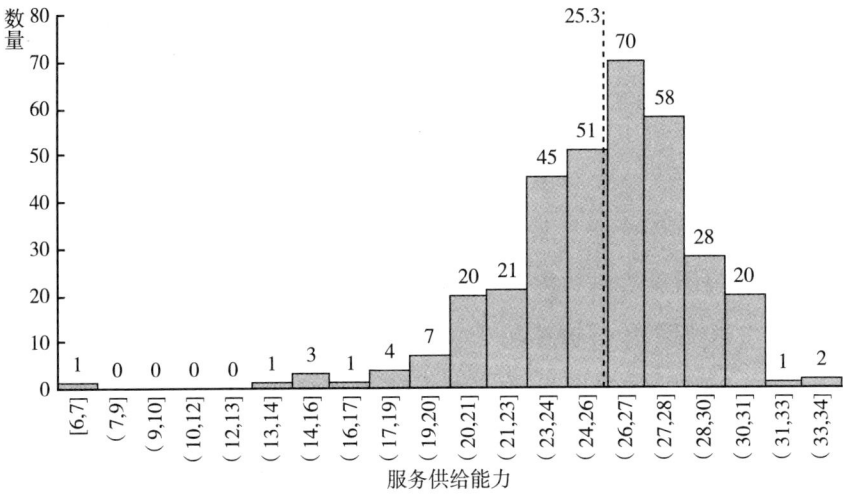

图1　服务供给能力分布

地方政府互联网服务供给能力可细分为目录覆盖能力、服务贯通能力与应用整合能力。如图2所示，三项细分能力中，服务贯通能力的水平最高，

---

① 得分率指实际得分占满分的比重。

得分率为68.31%，这表明地方政府在社保、教育、医疗、就业、交通、企业开办等领域能够利用互联网为社会提供一体化服务。目录覆盖能力的水平次之，得分率为60.92%。应用整合能力的水平最低，得分率为58.92%，未达到及格线，这说明地方政府需要进一步提升各类平台的应用与整合能力，使平台之间相互连通，提供整体化的政务服务。

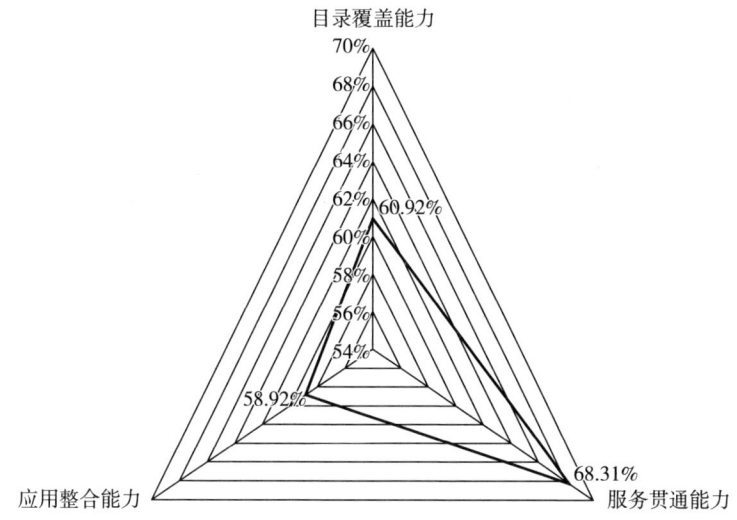

图2　服务供给能力细分能力的均值得分率

二　区域差异

中、西部与东部的互联网服务供给能力差距在缩小，东北与东部的互联网服务供给能力差距在扩大；互联网服务供给能力的省域差距在缩小；地级行政区间互联网服务供给能力的差异依然显著，且大于省域差异。从区域层面看，如图3所示，东北互联网服务供给能力均值占东部的比重由上年的98.14%下降到94.56%；中部占东部的比重由上年的97.72%上升到2019年的98.23%；西部占东部的比重从2018年的90.61%上升到2019年的91.05%。由此可见，在互联网服务供给能力上，中、西部与东部的差距在缩小，东北与东部的差距在扩大。

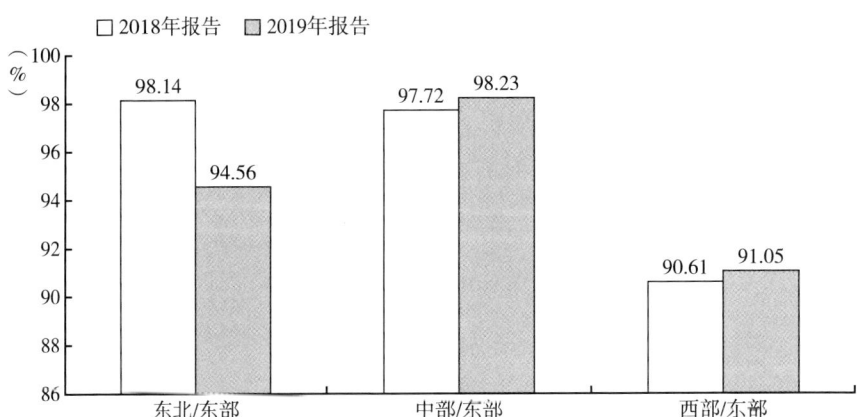

图 3 服务供给能力的区域差异

从省域层面看,2019 年报告中各省互联网服务供给能力均值的标准差为 2.63 分,比上年下降了 13.77%。广东的服务供给能力得分最高,西藏的服务供给能力得分最低,前者是后者 1.69 倍,极差也比上年明显减小。数据分析表明,各省之间互联网服务供给能力的差距呈缩小趋势,如图 4、图 5 所示。

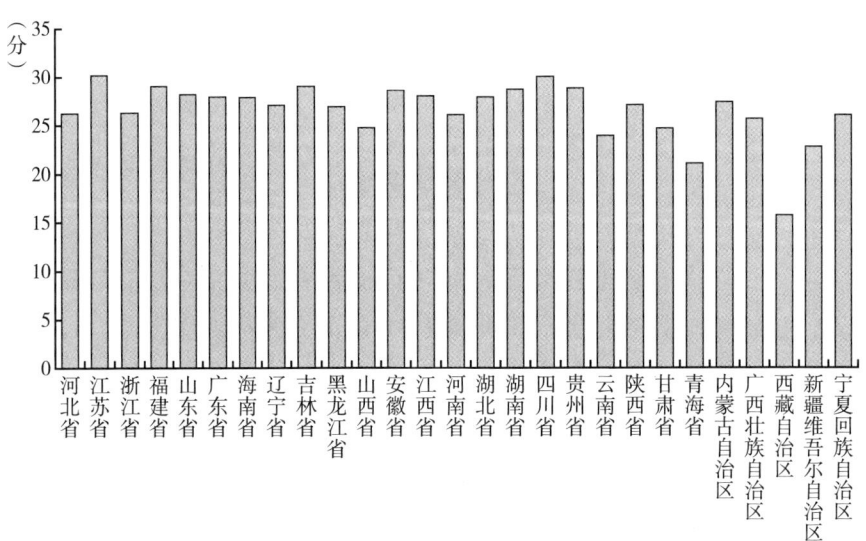

图 4 服务供给能力的省域分布（2018 年报告）

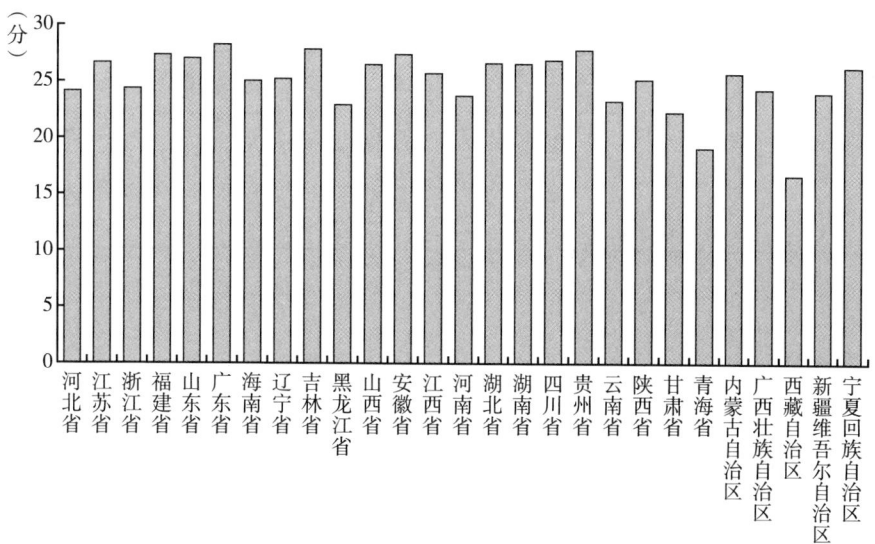

图 5 服务供给能力的省域分布（2019 年报告）

从地级行政区层面看，服务供给能力的标准差为 3.45 分，比省域间的标准差高 31.18%。此外，省内地级行政区间也存在服务供给能力的区域差异，西藏、海南、广西等地省内地级行政区之间服务供给能力的差异比较大，标准差分别为 8.31 分、4.17 分、3.98 分；河北、福建、山西等地省内地级行政区之间服务供给能力的差异比较小，标准差为 1.50 分、1.51 分、1.52 分，如表 1 所示。

表 1 省域内地级行政区间服务供给能力的差异（2019 年报告）

单位：分

省份	标准差	最小值	最大值	省份	标准差	最小值	最大值
河北	1.50	22.22	26.76	四川	2.36	23.87	33.90
江苏	2.85	21.12	30.82	贵州	1.99	25.18	31.03
浙江	2.56	21.06	27.77	云南	1.97	20.00	26.15
福建	1.51	25.55	29.78	西藏	8.31	5.81	26.64
山东	2.22	22.31	31.03	陕西	3.06	18.32	30.40
广东	2.05	23.91	32.88	甘肃	2.82	16.88	27.28
海南	4.17	19.11	28.73	青海	3.01	14.75	23.19
辽宁	2.33	18.81	28.07	宁夏	1.58	24.31	28.71
吉林	2.09	24.20	30.59	新疆	1.93	20.29	27.73

续表

省份	标准差	最小值	最大值	省份	标准差	最小值	最大值
黑龙江	3.40	17.44	27.97	湖北	3.28	21.27	31.87
山西	1.52	24.60	29.97	湖南	1.75	23.85	29.99
安徽	2.09	23.26	31.02	内蒙古	1.53	23.19	28.31
江西	2.07	22.40	28.86	广西	3.98	15.32	30.51
河南	1.89	20.49	26.28	—	—	—	—

三 分项能力分析

（一）目录覆盖能力

目录覆盖能力平均水平低于服务供给能力平均水平，但政府信息公开目录水平较高。如图6所示，目录覆盖能力的最高分为10.50分，最低分为0.12分，均值为7.31分，均值得分率为60.92%，低于服务供给能力的均值得分率（63.25%）。锡林郭勒盟、迪庆市、吉林市的目录覆盖能力相对较高，黄南藏族自治州、山南市、那曲市的目录覆盖能力相对较低。全国185个地级行政区的目录覆盖能力超过全国平均水平，占比55.56%。

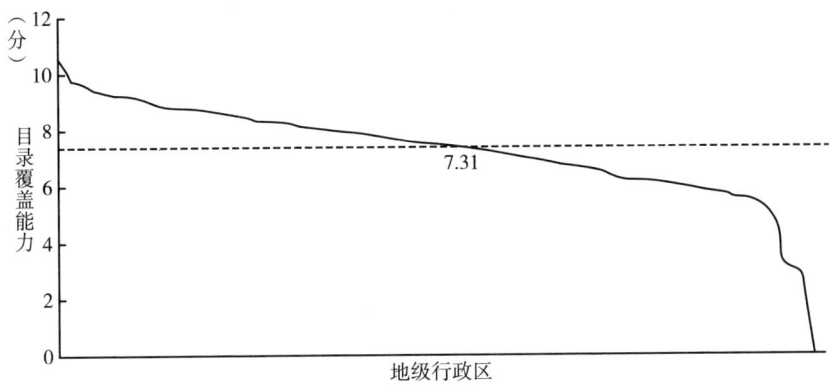

图6 目录覆盖能力分布

目录覆盖能力的四个细分维度中（见图7），政府信息公开目录得分率最高，为82.67%；责任清单与权力清单的得分率较为接近，分别为

58.67%、57.33%；公共服务清单得分率最低，为44.67%。可见，地方在政府信息公开目录上已经基本做到了常态化，但在责任清单、权力清单、公共服务清单的服务上，还需要进一步公开应公开的内容。

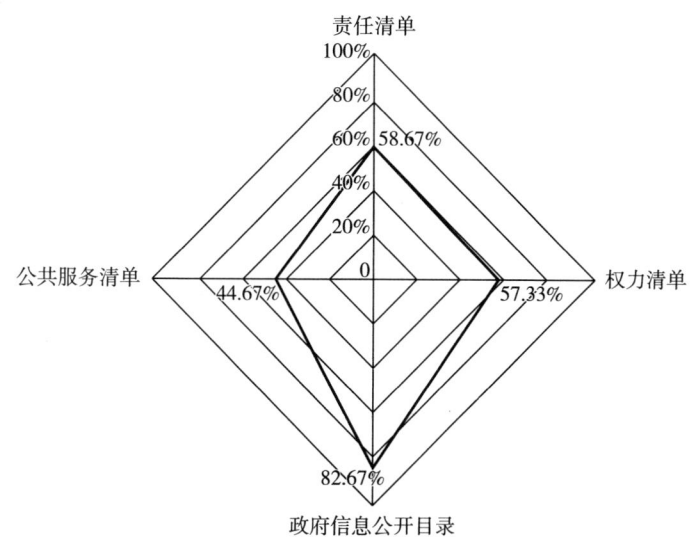

图7　目录覆盖能力细分维度的均值得分率

（二）服务贯通能力

服务贯通能力是推动服务供给能力发展的重要维度，民生领域的服务贯通能力优于企业生产经营领域。服务贯通能力最高分为15.10分，最低分为2.69分，均值为10.93分，均值得分率为68.31%（见图8）。宜昌市、成都市、荆门市的服务贯通能力相对较高，百色市、那曲市、山南市的服务贯通能力相对较低。全国179个地级行政区的服务贯通能力超过全国平均水平，占比53.75%。

在服务贯通能力的细分维度中（见图9），住房和社保领域的服务贯通能力相对较高，均值得分率分别为82.81%、80.21%；企业注册开办和医疗领域的服务贯通能力相对较低，均值得分率分别为59.77%、63.02%。整体而言，我国地方政府民生领域的互联网服务贯通能力要好于企业生产经营领域。

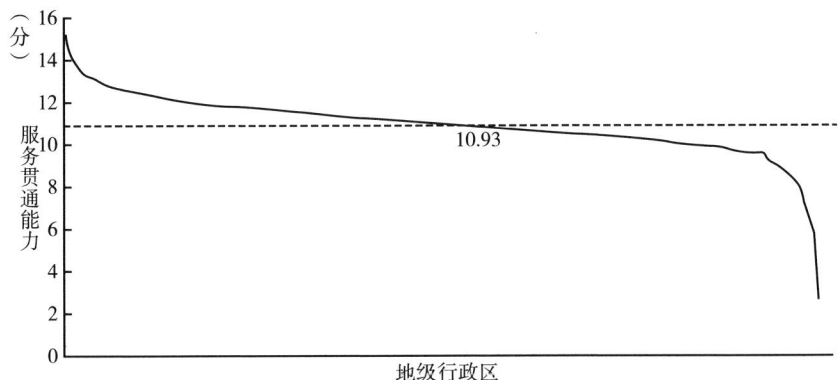

图 8　服务贯通能力分布

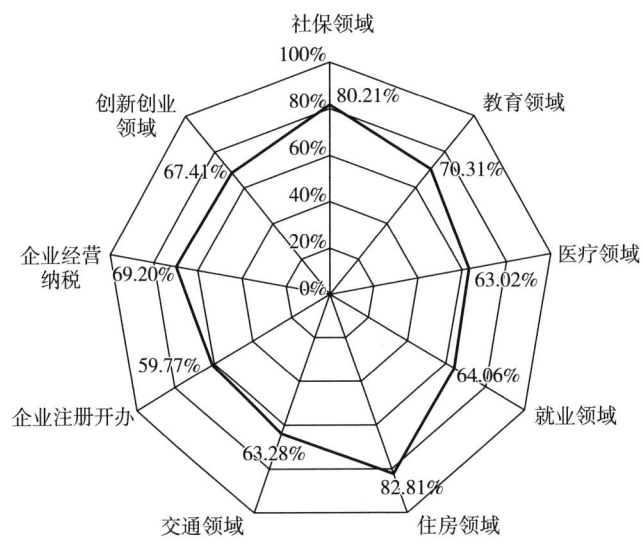

图 9　服务贯通能力细分维度的均值得分率

（三）应用整合能力

应用整合能力是制约服务供给能力发展的关键维度，数据开放与平台应用能力是未来提升应用整合能力的着力点。应用整合能力最高分为 10.92 分，最低分为 2.04 分，均值 7.07 分，均值得分率为 58.92%（见图 10）。成都市、铜川市、威海市的应用整合能力相对较高，阿里地区、那曲市、山南市的应用整合能力相对较低。全国187个地级行政区的应用整合能力超过全国平均水平，占比56.16%。

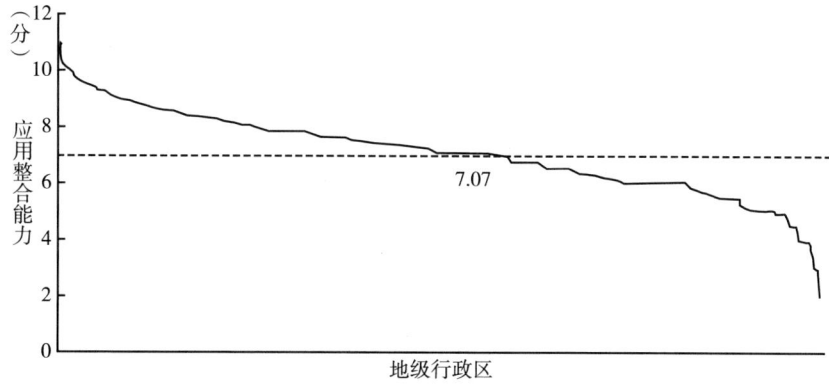

图10　应用整合能力分布

在应用整合能力的细分维度中（见图11），我国地方政府的平台整合能力最强，得分率为77.08%，平台应用能力次之，数据开放最低。值得注意的是，平台应用能力和数据开放的均值得分率均未超过60%，表明相关的工作还有待改进和提升。

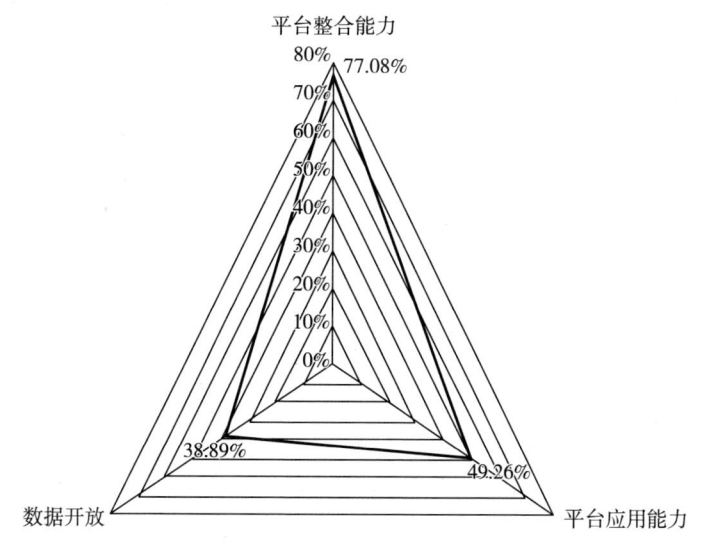

图11　应用整合能力细分维度的均值得分率

B.3
2019年中国地方政府互联网服务响应能力分析报告

张龙鹏　王萌森　李金兆＊

摘　要： 本报告从整体表现、区域差异、分项能力三个维度分析了中国地方政府互联网服务响应能力的发展态势。数据表明，地方政府互联网服务响应能力提升显著，提升效应来自诉求受理能力和办事诉求响应能力的贡献。从区域差异看，互联网服务响应能力的区域差距大于服务供给能力，服务响应能力的省域差距显著，且省域内地级行政区之间存在发展不平衡现象。从分项能力上看，诉求受理能力表现出色，办事诉求响应能力整体水平偏低，诉求回复响应能力与诉求回复应用能力出现下滑，主动感知能力小幅提升。

关键词： 服务响应　政府回应　互联网+政务服务　政府互联网服务

一　整体表现

中国地方政府互联网服务响应能力提升显著，提升效应来自诉求受理能

＊ 张龙鹏，电子科技大学公共管理学院副教授，研究方向为电子政务；王萌森，成都市经济发展研究院政府网站研究所副所长，研究方向为政府治理、政府网站及电子政府；李金兆，成都市经济信息中心总编辑、副主任，成都市经济发展研究院副院长，研究方向为政府治理与电子政务、网络行为与媒介传播、大数据与竞争情报。

力和办事诉求响应能力的贡献。地方政府互联网服务响应能力得分的均值为25.9分,得分率为64.8%。与上年的数据相比,服务响应能力均值的涨幅为24.04%,服务响应能力的均值得分率已经超过服务供给能力。全国有171个地级行政区服务响应能力上的得分超过全国平均水平(见图1),占比51.35%,得分率超过60%的地级行政区共有213个,占比63.96%,这一比重在上年为27.84%。数据表明,2019年我国地方政府的互联网服务响应能力有了整体的显著提升。

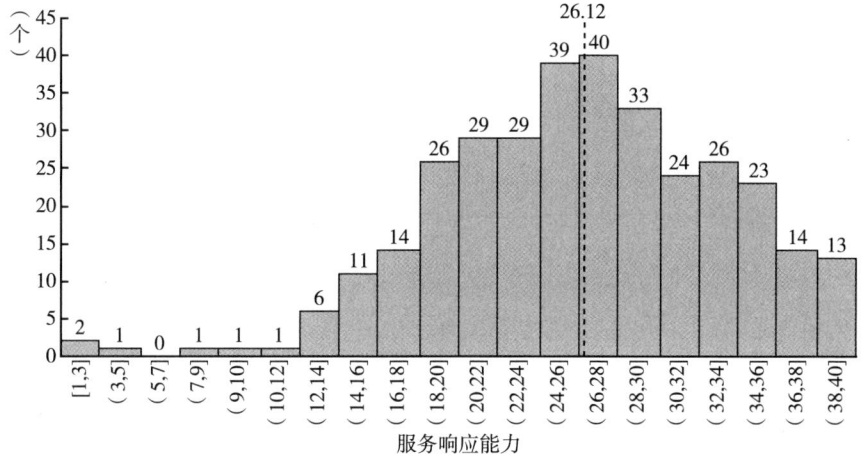

图1　服务响应能力分布

服务响应能力可进一步细分为诉求受理能力、办事诉求响应能力和互动诉求反馈能力。从各个细分维度的情况来看(见表1),诉求受理能力的水平最高,均值为10.78分,得分率为89.83%;互动诉求反馈能力次之,均值为8.65分,得分率为61.79%;办事诉求响应能力最低,均值为6.69分,得分率为47.79%。相对于上年,诉求受理能力与办事诉求响应能力有了显著的提升,而互动诉求反馈能力却有所下降。可见,服务响应能力的提升来自诉求受理能力和办事诉求响应能力的贡献。数据表明,我国地方政府能够充分利用互联网提供响应公众诉求的平台和渠道,但地方政府及时响应公众诉求的能力下滑,同时地方政府通过互联网提供办事服务的便捷度仍有待提升。

表1 服务响应能力细分维度均值得分率的年度比较

单位：%

细分维度	2019年报告	2018年报告
诉求受理能力	89.83	85.87
办事诉求响应能力	47.79	23.48
互动诉求反馈能力	61.79	77.63

二 区域差异

互联网服务响应能力的区域差距大于服务供给能力，东北与东部服务响应能力的差距在扩大，中、西部与东部服务响应能力的差距在缩小；服务响应能力的省域差距显著，且这一差距呈扩大趋势；省域内地级行政区之间服务响应能力的不平衡现象依旧存在。从区域层面看，东北互联网服务响应能力均值占东部的比重由上年的77.0%下降到75.8%，表明东北与东部之间服务响应能力的区域差距在扩大。中部互联网服务响应能力均值占东部的比重由上年的89.29%上升到95.31%，西部占东部的比重则相应地由74.88%上升到82.51%（见图2），说明中西部服务响应能力与东部的区域差距在缩小。此外，就服务供给能力而言，东北、中部、西部占东部的比重均在90%以上，而东北、西部的服务响应能力占东部的比重低于90%，仅中部占东部的比重在90%以上，由此说明服务响应能力的区域差距大于服务供给能力。

从省域层面看，2019年报告中各省互联网服务响应能力均值标准差为5.16分，比上年提升了15.44%。安徽服务响应能力最高，西藏服务响应能力最低，前者是后者的2.91倍，极差比上年略有下降。整体而言，互联网服务响应能力在省域之间仍存在显著差距，且这一差距呈扩大趋势，主要因为部分地方政府的服务响应能力取得了明显进展，从而拉大了省域之间的差距。例如，安徽省服务响应能力上年评价中得分为23.47分，而本次评价中服务响应能力得分最高，为33.07分，上涨了40.9%。

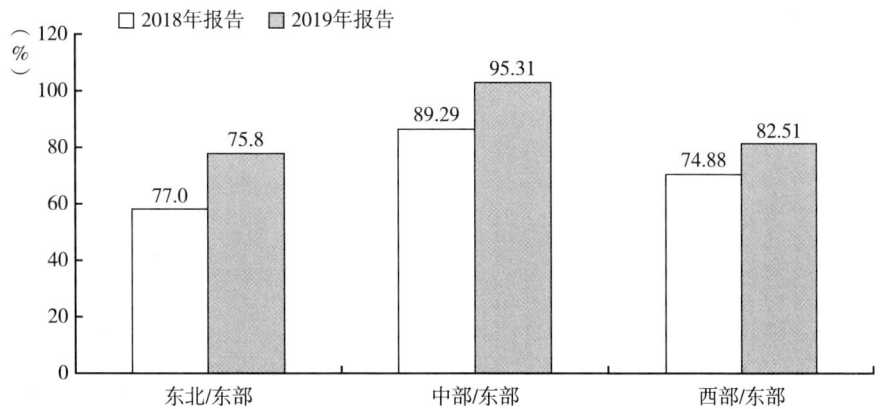

图 2　服务响应能力的区域差异

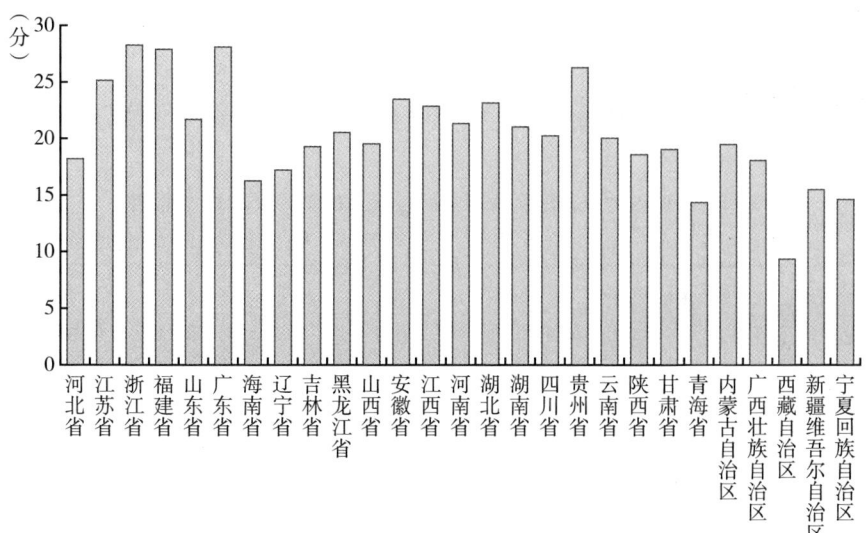

图 3　服务响应能力的省域分布（2018 年报告）

从地级行政区层面看，服务响应能力的标准差为 6.97 分，比省域间的标准差高 35.08%。此外，省内地级行政区之间也存在显著的服务响应能力差距，西藏、海南、青海等地省内地级行政区之间服务响应能力的差距较大，标准差分别为 11.24 分、11.09 分、7.79 分；吉林、陕西、浙江等地省内地级行政区之间服务响应能力差距较小，标准差为 3.17 分、3.50 分、3.85 分。

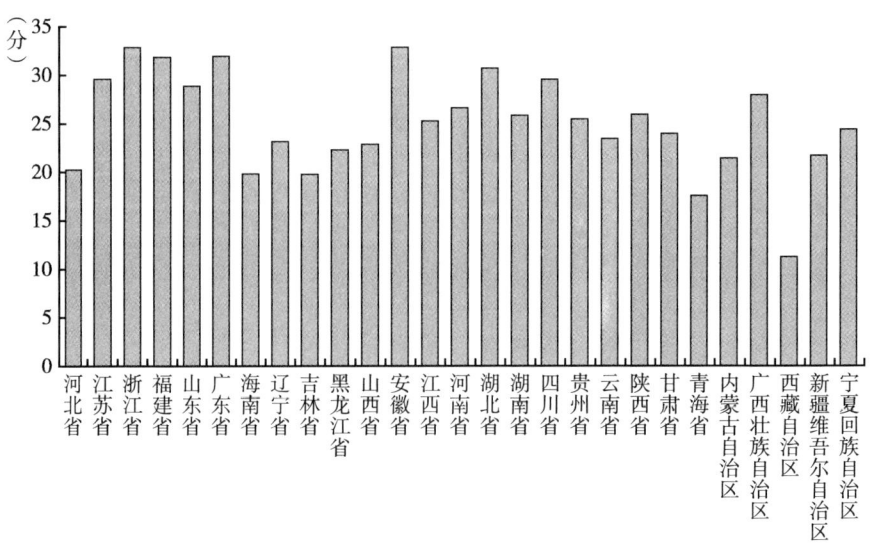

图 4 服务响应能力的省域分布（2019 年报告）

表 2 省域内地级行政区间服务响应能力的差异（2019 年报告）

单位：分

省份	标准差	最小值	最大值	省份	标准差	最小值	最大值
河北	4.52	12.55	26.62	湖北	5.73	19.83	39.62
江苏	5.72	19.47	38.94	湖南	5.46	19.73	36.65
浙江	3.85	27.87	38.55	内蒙古	4.78	12.72	27.89
福建	4.37	24.10	38.72	广西	4.72	20.70	36.64
山东	4.78	21.43	37.41	四川	5.73	17.29	38.76
广东	4.35	23.31	39.12	贵州	4.59	18.75	30.76
海南	11.09	4.45	28.20	云南	5.37	14.51	33.68
辽宁	4.69	18.48	31.38	西藏	11.24	0.34	29.89
吉林	3.17	15.35	26.02	陕西	3.50	20.04	31.76
黑龙江	5.70	11.77	31.48	甘肃	4.29	16.77	32.36
山西	4.33	16.19	30.59	青海	7.79	7.34	29.64
安徽	4.76	24.03	39.39	宁夏	7.31	14.46	32.70
江西	6.54	16.09	35.39	新疆	5.54	13.55	32.34
河南	4.73	14.46	34.01	—	—	—	—

三 分项能力分析

（一）诉求受理能力

地方政府诉求受理能力表现出色，其能力的提升主要来自办事诉求受理能力的贡献。诉求受理能力最高分12分，最低分0分（见图5）。江门市、阳江市、常州市的诉求受理能力相对较高，那曲市、山南市、阿里地区的诉求受理能力相对较低。全国246个地级行政区的诉求受理能力超过全国平均水平，占比73.87%。值得注意的是，有126个地级行政区的诉求受理能力达到了满分，占比37.84%。

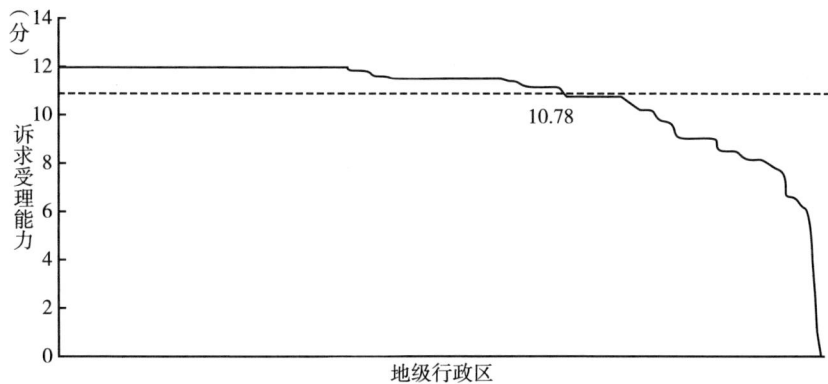

图5 诉求受理能力分布

如表3所示，在诉求受理能力的细分维度中，办事诉求受理能力得分率为94.17%，高于互动诉求受理能力85.50%的得分率。相比较而言，我国地方政府能够很好地利用互联网受理公众的办事诉求，但受理互动诉求的能力相对较差。与上年的报告数据相比，互动诉求受理能力均值出现了小幅下滑，降幅为4.47%；办事诉求受理能力出现了明显上升，升幅为14.15%。可见诉求受理能力的提升来自办事诉求受理能力的提升。

表3　诉求受理能力细分维度均值得分率的年度比较

单位：%

细分维度	2019年报告	2018年报告
互动诉求受理能力	85.50	89.50
办事诉求受理能力	94.17	82.50

（二）办事诉求响应能力

办事诉求响应能力整体水平偏低，相关建设处于起步阶段。办事诉求响应能力最高分为14分，最低分为0分（见图6）。阳江市、宁波市、宜昌市的办事诉求响应能力相对较高，四平市、三沙市、绥化市的办事诉求响应能力相对较低。全国161个地级行政区的办事诉求受理能力超过全国平均水平，占比48.35%。数据表明，我国地方政府通过互联网对公众办事诉求的响应能力水平仍整体偏低，大多数地方政府办事诉求响应能力建设仍处于起步阶段。

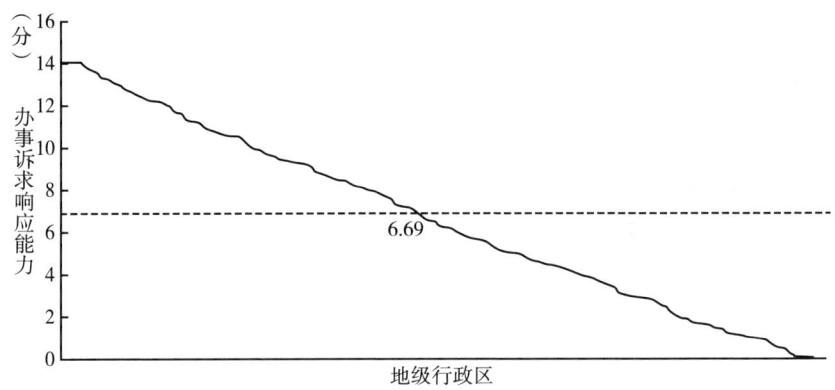

图6　办事诉求响应能力分布

（三）互动诉求反馈能力

互动诉求反馈能力提升缓慢，诉求回复响应能力与诉求回复应用能力出现下滑，主动感知能力小幅提升。互动诉求反馈能力最高分为14分，最低分为0分（见图7）。铜川市、常州市、武汉市的互动诉求反馈能力相对较高，山南市、徐州市、阿里地区的互动诉求反馈能力相对较低。全国154个地级行政区的互动诉求反馈能力超过全国平均水平，占比46.25%。

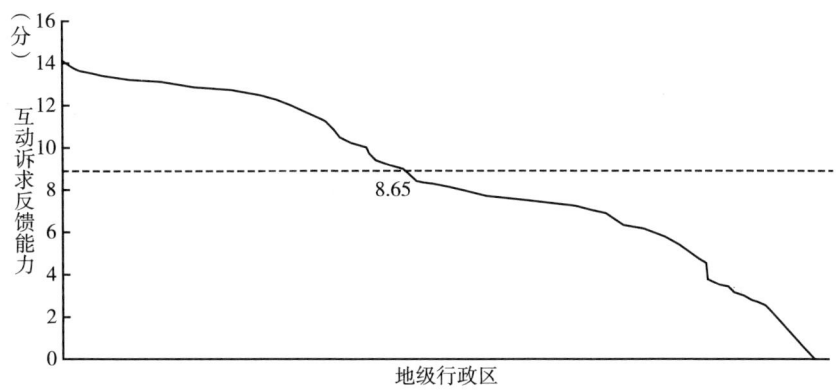

图7 互动诉求反馈能力分布

从互动诉求反馈能力的细分维度来看（见表4），诉求回复应用能力的水平最高，均值为2.90分，得分率为69.05%（满分4.2分）。主动感知能力次之，均值为2.74分，得分率为65.24%（满分4.2分）。诉求回复响应能力得分最低，均值为3.01分，得分率为53.75%（满分5.6分）。相对于上年，主动感知能力得分率提升，而诉求回复响应能力与诉求回复应用能力得分率下降。

表4 互动诉求反馈能力细分维度均值得分率的年度比较

单位：%

细分维度	2019年报告	2018年报告
诉求回复响应能力	53.75	85.74
诉求回复应用能力	69.05	74.17
主动感知能力	65.24	62.78

B.4
2019年中国地方政府互联网服务智慧能力分析报告

张龙鹏　董　亮　蒋国银*

摘　要： 本报告从整体表现、区域差异、分项能力三个维度分析了中国地方政府互联网服务智慧能力的发展态势。数据显示，互联网服务智慧能力提升显著，但其依然是制约互联网服务能力发展的关键环节，整体发展有待深化。从区域差异看，服务智慧能力的地级行政区间差异大于省域差异，但省域内地级行政区之间的服务智慧能力发展较为均衡。就分项能力而言，应用适配能力整体发展水平高，智能交互能力和个性化服务能力的整体水平偏低。

关键词： 智慧社会　智慧服务　新一代信息技术　政府互联网服务

一　整体表现

中国地方政府互联网服务智慧能力提升显著，但其依然是制约互联网服务能力发展的关键环节，整体发展有待深化。地方政府互联网服务智慧能力的得分均值为11.8分，得分率为59%。与上年数据相比，服务智慧

---

* 张龙鹏，电子科技大学公共管理学院副教授，研究方向为电子政务；董亮，成都市经济发展研究院数据情报研究所所长，研究方向为大数据与竞争情报、政府治理；蒋国银，电子科技大学公共管理学院教授，研究方向为电子商务、管理系统模拟。

能力均值得分率涨幅为27.47%。本次评价得分率超过60%的地级行政区共有161个，占比48.35%，这一比重在上年为26.95%，上升显著。数据表明，我国地方政府互联网服务智慧能力虽然有了显著的进步，但整体水平仍偏低。

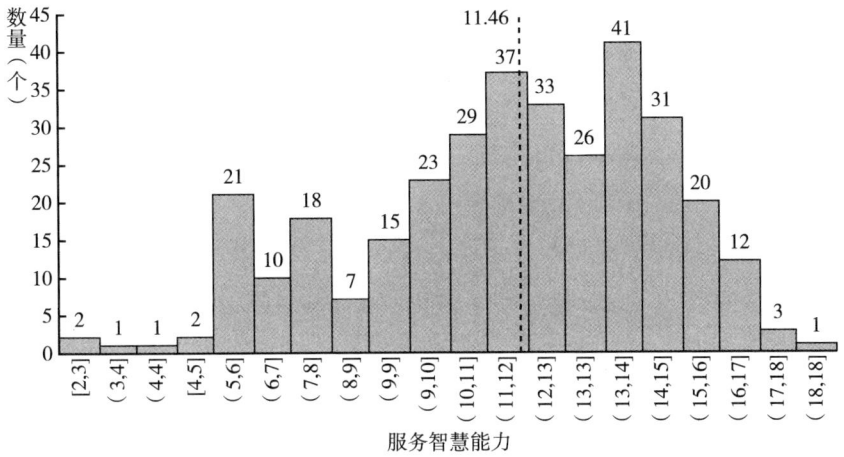

图1　服务智慧能力分布

服务智慧能力可进一步细分为应用适配能力、智能交互能力与个性化服务能力。从服务智慧能力的细分维度来看（见表1），应用适配能力的水平最高，均值为6.32分，得分率为79.00%（满分8分）。智能交互能力次之，均值为4.30分，得分率为53.75%（满分8分）。个性化服务能力水平最低，均值为0.84分，得分率为21.00%（满分4分）。相对于上年，服务智慧能力的三项细分能力均有了不同程度的提升。具体而言，应用适配能力上升34.17%，智能交互能力上升9.69%，个性化服务能力上升1958.82%。

表1　服务智慧能力细分维度均值得分率的年度比较

单位：%

细分维度	2019年报告	2018年报告
应用适配能力	79.00	58.88
智能交互能力	53.75	49.00
个性化服务能力	21.00	1.02

二 区域差异

中部服务智慧能力超越东部地区，服务智慧能力的地级行政区间差异大于省域差异，但省域内地级行政区之间的服务智慧能力发展较为均衡。从区域层面看，东北、中部、西部服务智慧能力均值占东部的比重均出现了明显的增加，如图2所示，东北占东部的比重的由上年的58.2%增加到77.76%，相应地，西部占东部的比重从70.33%增加到81.25%。值得关注的是，上年中部服务智慧能力均值占东部的比重为86.39%，本次评价提升至102.94%，表明中部服务智慧能力超过了东部地区，中部地区服务智慧能力取得了显著进展。从区域差距来看，服务智慧能力的区域差距均小于服务供给能力和服务响应能力。

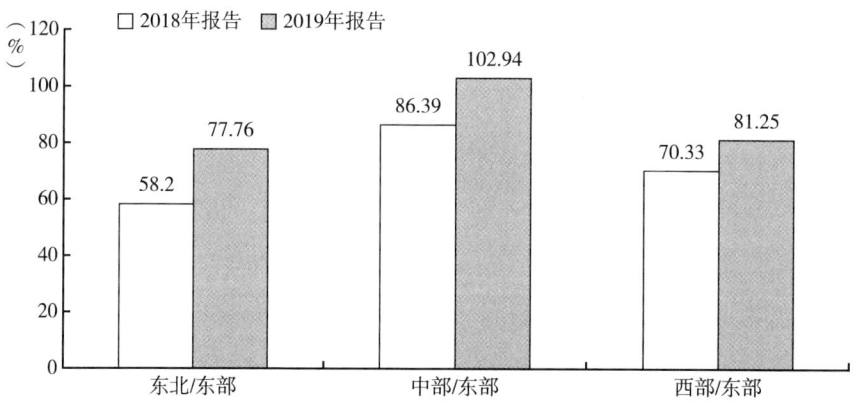

图2 服务智慧能力的区域差异

从省域层面看，各省互联网服务智慧能力均值的标准差为2.08分，比上年下降了18.43%。广东的服务智慧能力最高，青海的服务智慧能力最低，前者是后者的2.09倍，极差也比上年出现了明显的下降，如图3、图4所示。

从地级行政区层面看，服务响应能力的标准差为3.20分，比省域间的标准差高53.85%。此外，与服务供给能力与服务响应能力相比，省域内地

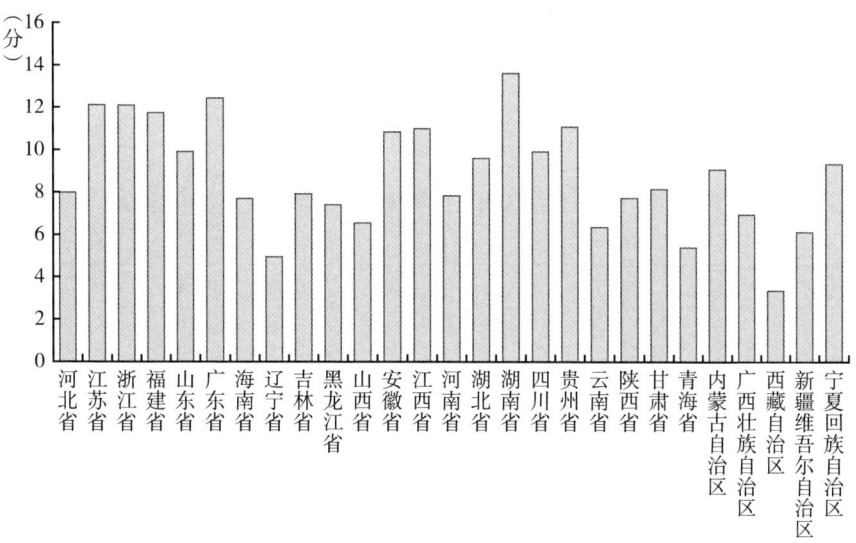

图 3　2018 年服务智慧能力的省域分布

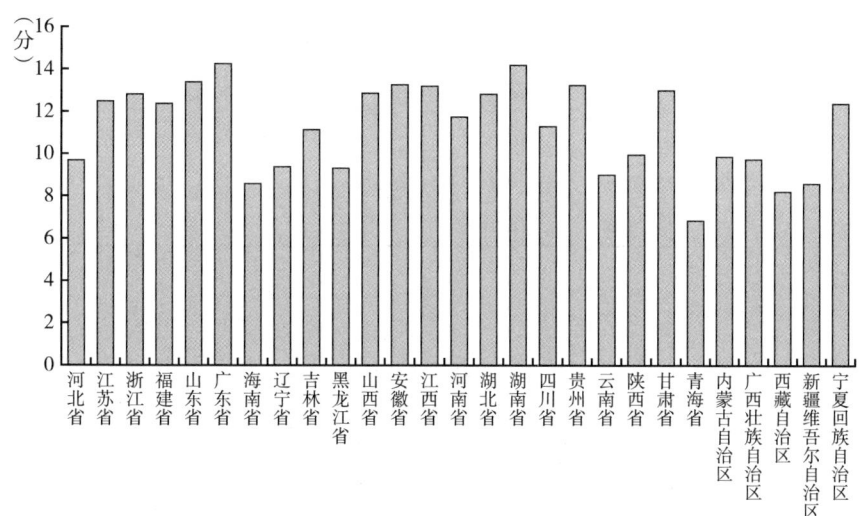

图 4　2019 年服务智慧能力的省域分布

级行政区间服务智慧能力的差距较小。西藏、海南、宁夏等地省内地级行政区之间服务智慧能力的差异比较大,标准差分别为 5.6 分、5.18 分、3.62

分；山东、湖南、吉林等地省内地级行政区之间服务智慧能力的差异比较小，标准差为1.63分、1.63分、1.66分。整体而言，省域内地级行政区之间服务智慧能力的发展较为均衡，但需要警惕低水平均衡陷阱。

表2 省域内地级行政区间服务智慧能力的差异（2019年报告）

单位：分

省份	标准差	最小值	最大值	省份	标准差	最小值	最大值
河北	2.80	5.99	13.49	湖北	2.47	8.44	16.07
江苏	1.96	9.09	15.33	湖南	1.63	11.22	16.23
浙江	2.08	7.91	15.51	内蒙古	2.73	5.85	14.41
福建	2.16	9.94	16.02	广西	3.14	5.48	14.12
山东	1.63	10.49	16.09	四川	2.99	4.19	15.25
广东	2.20	9.22	17.02	贵州	2.28	9.50	17.58
海南	5.18	1.97	13.81	云南	2.17	5.75	13.25
辽宁	3.11	5.57	15.19	西藏	5.60	0.49	15.76
吉林	1.66	7.12	12.61	陕西	3.04	5.88	14.34
黑龙江	3.12	5.33	13.55	甘肃	1.89	9.69	15.64
山西	2.23	10.45	18.42	青海	2.12	4.65	11.06
安徽	2.01	10.30	16.55	宁夏	3.62	5.92	14.40
江西	3.03	6.86	16.96	新疆	2.91	3.09	12.43
河南	2.40	5.67	16.16	—	—	—	—

三 分项能力分析

（一）应用适配能力

应用适配能力整体发展水平高，功能适配度对应用适配能力的贡献程度大于应用拓展度。应用适配能力最高分为7.53分，最低分为0.49分（见图5）。达州市、咸阳市、滁州市的应用适配能力相对较高，阿里地区、三沙市、铁岭市的应用适配能力相对较低。全国176个地级行政区的应用适配能力超过全国平均水平，占比52.85%。此外，得分率超过60%的地级行政区有304个，占比91.29%。

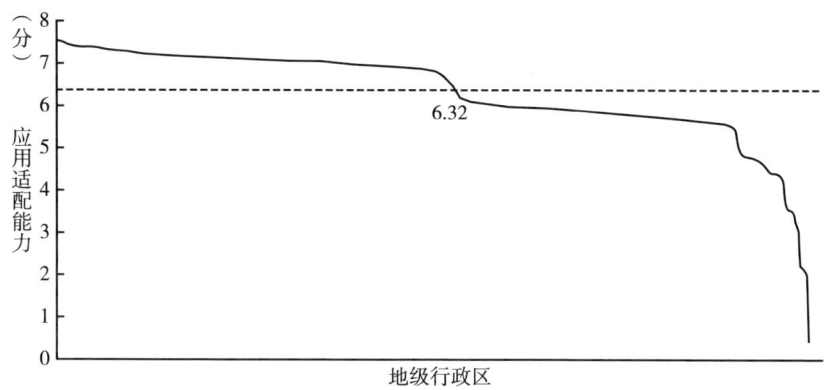

图5　应用适配能力分布

应用适配能力还具体分为功能适配度和应用拓展度。其中，功能适配度的均值为4.47分，得分率为85.96%（满分为5.2分）；应用拓展度的均值为1.85分，得分率为66.07%。可见，功能适配度对应用适配能力的贡献程度大于应用拓展度，地方政府基本能够实现电脑端、手机端、平板端等不同终端的包容，各种浏览器的兼容，且面向视觉、听觉障碍人群提供无障碍版本。

（二）智能交互能力

智能交互能力的整体水平偏低，主要原因在于智能问答的水平不高。智能交互能力最高分为8分，最低分为0分（见图6）。宁波市、中山市、威海市的智能交互能力相对较高，山南市、阿里地区、三沙市的智能交互能力相对较低。全国136个地级行政区的智能交互能力超过全国平均水平，占比40.84%。值得关注的是，有44个地级行政区的智能交互能力得分为0分，占比13.21%。由此可见，我国地方政府互联网服务的智能交互能力整体水平偏低。

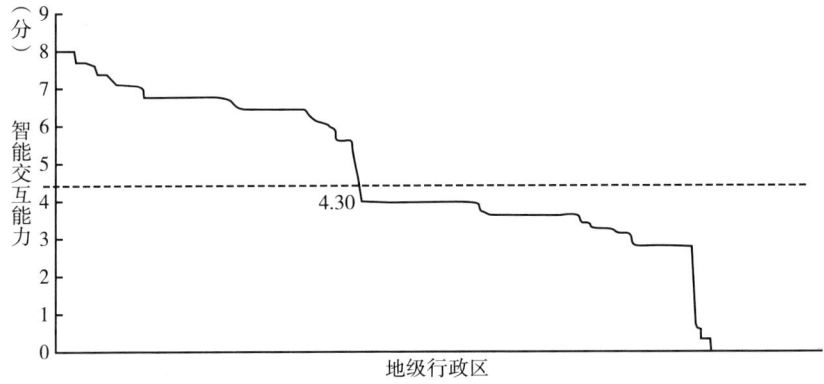

图6　智能交互能力分布

智能交互能力具体分为智能搜索和智能问答。其中，智能搜索的均值为2.91分，得分率为72.75%（满分4分）；智能问答的均值为1.41分，得分率为35.25%（满分4分）。数据表明，导致地方政府智能交互能力得分率偏低的主要原因在于智能回答的水平不高，大多数地方政府的网站及各类平台尚未设置人工智能问答功能，智能答复的真实度和准确度也有待提升。

（三）个性化服务能力

个性化服务能力的整体水平偏低，且区域差异显著。个性化服务能力最高分为4分，最低分为0分（见图7）。沈阳市、绍兴市、石嘴山市的个性化服务能力相对较高，三沙市、阿里地区、山南市的个性化服务能力相对较低。全国151个地级行政区的个性化服务能力超过全国平均水平，占比45.35%。此外，得分率超过60%的地级行政区有20个，占比6%；有95个地级行政区的得分率为0，占比28.53%。

个性化服务能力具体分为定制服务和智能推送。其中，定制服务的均值为0.69分，得分率为23.00%（满分3分）；智能推送的均值为0.17分，得分率为17.00%（满分1分）。数据表明，个性化服务能力的两个细分维度的整体水平偏低，主要表现为在用户管理方面未实现用户登录的单点登录、一号关联,未实现个性化网站定制功能等,提供的互联网智能主动推送功能和推送渠道还未普及。

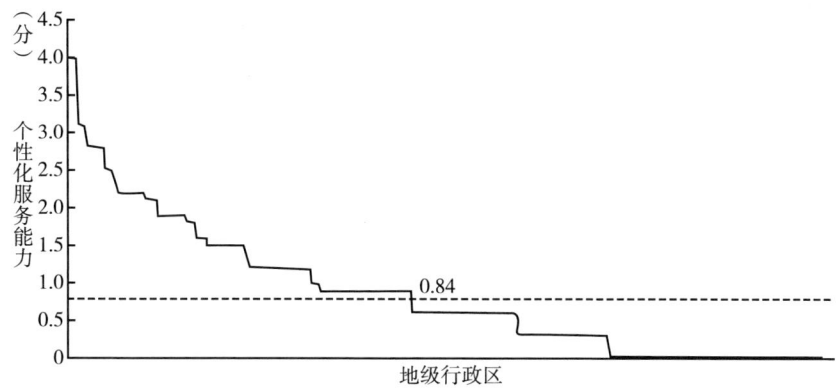

图 7 个性化服务能力分布

专 题 篇

Special Report

B.5
"放管服"改革专题分析报告

何阳 冯翼 王沙*

摘 要： 以"放管服"改革打造优良营商环境是传承改革开放精神的再出发行动。本报告选择政府互联网服务能力评价的企业注册开办、企业经营纳税、创新创业领域及办事诉求响应能力等指标展开探讨。首先展示地方政府互联网服务能力在上述领域测量的整体情况，其次选择部分典型案例展现地方政府互联网服务在相关领域取得的成效，归纳总结其特色，以期为其他地区发展提供借鉴。最后针对地方政府互联网服务能力在相关领域的不足之处，建议从强化绩效考核、构建学习

---

* 何阳，电子科技大学公共管理学院助理研究员，研究方向为基层治理、贫困问题及多元化纠纷解决机制；冯翼，成都市经济发展研究院政府网站研究所研究咨询，研究方向为政府治理、政务服务和营商环境；王沙，成都市经济发展研究院数据情报研究所研究咨询，研究方向为竞争情报、数据治理和营商环境。

交流机制及容错机制等方面推进"放管服"改革与政府互联网服务能力建设进程。

关键词： "放管服"改革　营商环境　政府互联网服务能力

李克强总理在2018年的全国两会上针对"放管服"改革提出"六个一"要求，即企业开办时间再减一半，项目审批时间再砍一半，政务服务一网通办，企业和群众办事力争只进一扇门，最多跑一次，凡是没有法律法规依据的证明一律取消。这"六个一"也是与企业营商环境及政府互联网服务能力密切相关的点位。依托"六个一"，本报告主要从政府互联网服务能力的企业注册开办、企业经营纳税、创新创业领域服务贯通能力及办事诉求响应能力等指标出发，展现"放管服"改革与营商环境优化视角下的政府互联网服务能力建设。

一　"放管服"改革与营商环境视域下政府互联网服务能力整体情况

（一）企业注册开办的服务贯通能力

企业注册开办是积极打造营商环境的重要测量指标，利用互联网平台打通企业网上注册开办渠道，可为企业注册开办提供便捷性，给行政相对人带来方便。通过调查可知，地方政府利用互联网平台推动企业注册开办的情况：94.0%的地方政府利用互联网平台推动了企业注册开办事项在网上办理，仅有6.0%的地方政府暂未涉及利用互联网平台推动企业注册开办服务。企业注册开办在政务网上服务的呈现情况如图1所示，可以说利用互联网平台推动企业注册开办服务的地方政府占比较高，绝大部分地方政府认识到了互联网在推动企业注册开办服务方面的重要性，积极地将互联网与"放管服"改革有机结合在一起；互联网在推动企业注册开办中也可以发挥重要作用，不仅缩减了行政相对人往返于所在企业和政府办事大厅之间的时间与经济成本，在网上完成相关事项也提升了地方政府审核企业注册开办环节的效率，有助于营造良好的营商环境。

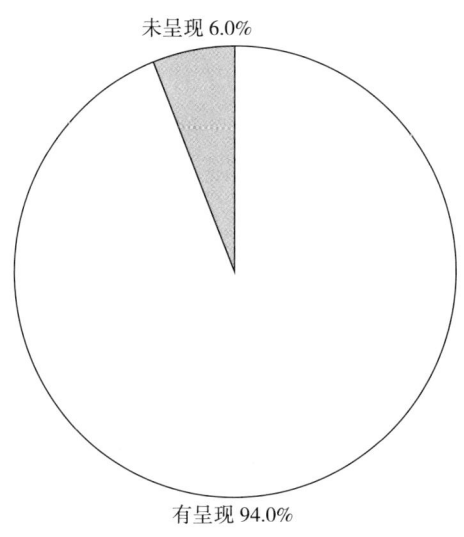

图 1　企业注册开办在政务网上服务的呈现情况

虽然94%的地方政府采取以互联网推动企业注册开办的举措，但各地方政府在利用互联网推动企业注册开办的成效方面具有差异性。本报告主要通过服务贯通性与核名备案、刻章办理等企业注册开办流程优化点位的实现程度展开测量，服务贯通性包含点位的设置依据企业注册开办的全生命周期而定，设立了企业名称预先核准、工商登记前置审批、企业设立登记等8个步骤。总体来看，整个测量并未出现得分为最高分2.56分的现象，即我们预设的最佳理想状态，这说明地方政府利用互联网推动企业注册开办离我们预设的理想状态仍然有一定差距，相关举措后期有待继续加强。此外，测量结果总体上可以划分为五个区间，从表1可以看出，得分最高的为2.1504分，该地方政府为深圳市，得分集中于［1.536，1.792），有效百分比为

66%，而在利用互联网推动企业注册开办成效情形中得分高于（含）1.536 的有效百分比为 97.5%，[0.256，1.536）的有效百分比仅为 2.5%，这说明整体情形较为乐观。

表1 利用互联网推动企业注册开办成效的差异

单位：%

得分区间	频次	有效百分比	累计百分比
[2.048，2.1504]	43	13.7	13.7
[1.792，2.048)	56	17.8	31.5
[1.536，1.792)	207	66.0	97.5
[0.512，1.536)	3	0.9	98.4
[0.256，0.512)	5	1.6	100
总　计	314	100	—

（二）企业经营纳税的服务贯通能力

企业经营纳税领域服务贯通能力是审视"放管服"改革与营商环境视域下政府网上服务能力的第二个指标。企业经营纳税指标包含是否提供企业纳税领域专栏（主题）服务，企业纳税领域相关服务事项有无和企业纳税领域服务事项内容完备度等测量点位。我们可以发现 21.6% 的地方政府企业经营纳税领域服务贯通能力得分为 2.24 分，3.6% 的地方政府得分为 1.97 分，2.4% 的地方政府得分为 1.88 分，2.0% 的地方政府得分为 1.61 分，68.6% 的地方政府得分为 1.34 分，1.8% 的地方政府得分为 0 分（见图2），而地方政府利用互联网推动企业经营纳税改革成效的理论最高分值为 2.24 分。这说明大多数地方政府利用互联网推动了企业经营纳税改革，且取得了可喜成绩，但依然存在一些地方政府未实现企业经营纳税的网络化操作，存在得分为 0 分的情况，因此，企业经营纳税网上服务能力呈现多样化特征，改革成效不一。

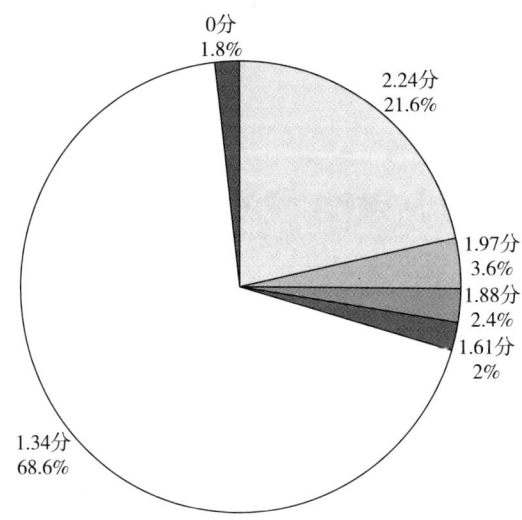

图2 企业经营纳税服务贯通能力分布

(三)创新创业领域的服务贯通能力

企业创新创业领域服务贯通能力是审视"放管服"改革与营商环境视域下政府网上服务能力的第三个指标。创新创业领域指标包含是否提供创新创业领域专栏(主题)服务、创新创业领域相关服务事项有无及创新创业领域服务事项内容完备度等测量点位。创新创业领域网上服务能力的最高理论赋分为2.24分,最低理论赋分为0分。全国96.1%的地方政府均落实了在政府网站中设立创新创业专栏的要求。14.6%的地方政府创新创业网上服务能力的实测分值达到了满分,说明这些地方政府均在政府网上服务平台中提供了创新创业领域专栏(主题)服务,设置了创新创业领域相关服务事项,且创新创业领域服务事项内容具有一定的完备性、系统性;10.50%的地方政府在创新创业网上服务能力的实测分值为1.97分;得分为1.34分的地方政府最多,占比为64.40%,这三个分数值基本占据了整个测评结果的半壁江山。可以说服务贯通能力在创新创业领域的测量分值集中在2.24分、1.97分和1.34分;而64.4%

的地方政府仅仅获得了 1.34 分，说明大部分地方政府在网上创新创业领域的服务尚处于初级阶段，即仅在政府网上服务平台开设了创新创业领域内容，但相关服务事项及其完备性还有待进一步提高。此外，一些省份的城市存在创新创业领域实测得分极端化现象，如湖北省武汉市、宜昌市及鄂州市在此领域的分值为 2.24 分，但湖北省孝感市在此领域的分值为 0 分。由此可见，创新创业领域服务贯通能力地域差异大，在同一省份内也存在最高分与最低分并存现象。

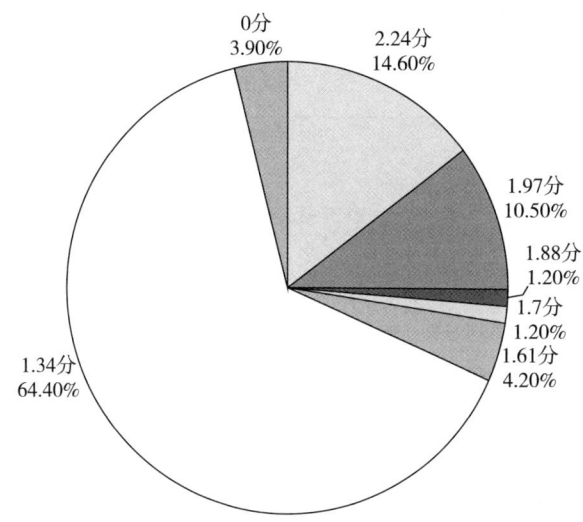

图 3 创新创业领域服务贯通能力分布

（四）办事诉求响应能力

办事诉求响应能力集中考察政府对公民和企业办事诉求的响应情形，主要评估政府对办事诉求的服务效果。该指标根据《国务院办公厅关于印发"互联网+政务服务"技术体系建设指南的通知》（国办函〔2016〕108 号）对"网上政务服务办理深度四级标准"的规范定义，按照 1∶10 抽样调研各地级行政区可满足四级不同标准的办事事项（见表 2）。该指标反映了各地级行政区"互联网+政务服务"的效果，也体现了其对于公民和企业服务的"放管服"实施效果,如公司注销登记、外国人工作许可、企业投资项目备案/核准等也是优化营商环境的重要指标。

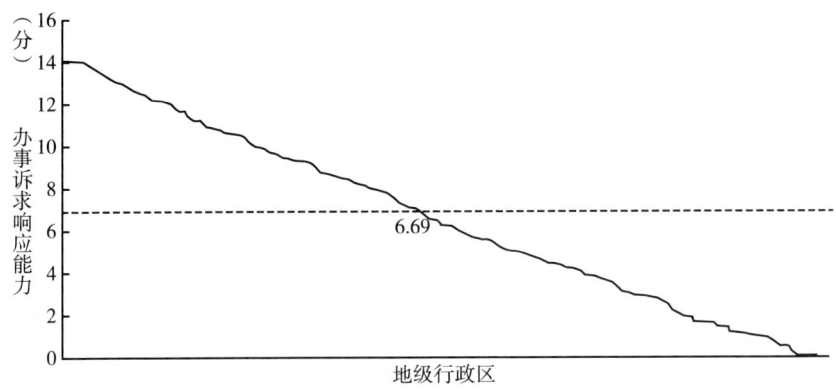

图 4 办事诉求响应能力分布

表 2 办事诉求响应能力测量的指标设计

标准	标准定位	事项
一级标准	全程线下办	身份证办理、就业培训补贴、工伤认定
二级标准	最多跑两次	二手房交易、公司注销登记、外国人工作许可
三级标准	最多跑一次	公积金提取、护照办理、个人所得税申报
四级标准	全程网上办	企业投资项目备案/核准、房屋租赁登记备案、驾驶证换领

每级标准所赋分值相同,实行累加计分,如果一个地方政府同时满足上述四个标准,那么在办事诉求响应能力指标上所得分值则是最高分。如果一个地方政府仅满足其中一些标准,那么在办事诉求响应能力指标上所得分值则会缩减。通过调研数据分析可以发现,办事诉求响应能力整体形势不容乐观,且内部差异较为显著。全国仅有 161 个地级行政区的办事诉求响应能力超过全国平均水平,占比 48.35%,不足一半,且仅有几个城市在此项指标测量中获得高分,大多数地方政府办事诉求响应能力建设仍处于起步阶段。

二 "放管服"改革与营商环境视域下政府 互联网服务能力建设情况

(一)企业注册开办服务贯通能力建设

深圳市在企业注册开办领域服务贯通实测中得分最高,达 2.1504 分,属于利用互联网推动企业注册开办成效较为显著的城市。通过在该市政务服务网站检索,我们可以发现深圳市政府在政务服务层面划分为个人服务和法人服务两项内容。而在法人服务中,明确列有办理企业注册、办理公司银行账户、金融服务、股权出质、企业变更、更多事项等选择项目;而在办理企业注册选项中,又包含内资企业设立登记、外商投资企业设立登记、外国(地区)企业设立登记、个人独资企业设立登记、合伙企业设立登记、非公司企业法人开业登记、名称核准和基金会名称预先核准等事项,由此可以看出作为市场主体的企业在深圳市完全可以通过互联网平台实现开办注册。

图 5 深圳市政府网站政务服务频道

资料来源:http://www.sz.gov.cn/cn/。

政府互联网服务能力蓝皮书

图6 深圳市办理企业注册服务界面

资料来源：http://www.gdzwfw.gov.cn/portal/legal/mattersLv2/hot? region = 440300&lv2code = 9300000001。

此外，深圳市政府根据企业性质设立了不同的办事流程，做到了因事制宜，类型化更易于企业根据指示办理注册事项，缩减企业注册的办事时间。以内资有限责任公司设立登记为例，进入网站后可以看到，关于设立登记主要有基本信息、范围与条件、办理流程、申请材料、咨询监督、窗口办理、许可收费、中介服务、设定依据、权利与义务、法律救济等指引性提示，办理人可以根据提示选择适合自身的信息，且深圳市政府承诺企业0次到现场，全程可通过网上办理，将法定办结时限的7个工作日进一步压缩至3个工作日的承诺办结时限，极大地缩减了企业设立登记时间。

深圳市利用互联网推动企业注册开办改革的成就主要为政府在网站中的人性化设计及主动制定政策缩减法定办理时间。人性化设计体现为政府将针对不同企业提供的企业开办服务类型化，并在各种类型化的栏目中设置提示性操作，利益相关者可以方便地根据提示办理企业登记事项。另外，为营造更好的营商环境，深圳市政府主动将内资有限责任公司设立登记法定办结时限的7个工作日调整为3个工作日的承诺办结时限，走在了全国多数地区前面；而外商投资企业设立（含合同、章程）审核时间的调整幅度更大，法定办结时间为 90 个工作日，但深圳市龙华区调整后的承诺时限为 5 个工作日，足足缩减了 85 个工作日，给外商在深圳投资办企业带来了极大便利。

（二）企业经营纳税服务贯通能力建设

企业经营纳税是企业的日常活动之一，受到国家法律保护，因为税收是公共财政的重要来源。珠海市是在企业经营纳税服务贯通能力测量中较为典型的城市，获得最高值 2.24 分。通过图 7、图 8 可知，珠海市在税务局网页平台中设置了有关企业经营纳税的栏目，且网站主页设立了"我要办税"、"我要查询"、"我要学习"、"我要咨询"、"我要参与"及"纳税服务"等栏目，有效地从需求层面回应了纳税人的困惑，引导纳税人正确办理相应事项。点击"纳税服务"栏目，则进入国家税务总局广东省税务局网页，其中对办税指南及办税费最多跑一次等做出了指引设计，通过办税指南，可以清晰地了解纳税流程及相关信息，提升企业经营纳税服务贯通能力。因而，珠海市满足了企业经营纳税指标所包含的提供企业纳税领域专栏（主题）服务，企业纳税领域相关服务事项有无和企业纳税领域服务事项内容完备度等测量点位的内容要求。

图 7　国家税务总局珠海市税务局网站

资料来源：http://www.gd-n-tax.gov.cn/gdsw/zhsw/zhsw_index.shtml。

图 8　国家税务总局广东省税务局门户网站纳税服务频道

资料来源：http：//www.gd－n－tax.gov.cn/gdsw/nsfw/nsfw.shtml。

珠海市在企业经营纳税服务贯通能力方面取得的成就主要为实现了市税务局与省税务局网站的有效衔接，打破了互联网服务的条块分割局面，省税务局以整体性治理思维实现了对全省管辖市域税务服务信息的回应，对企业经营网上纳税进行了统一规范。如在珠海市税务局门户网站中点击"纳税服务"，则会自动跳转到国家税务总局广东省税务局的纳税服务界面，纳税人从广东省税务局的统一纳税服务界面中获得相关信息，使全省企业经营纳税均遵循相同的规则，从而以省级平台规范企业经营纳税行为。

（三）创新创业领域服务贯通能力建设

创新创业是市场主体的重要活动形式，是激发市场活力、提升市场竞争力的有效方式，政府在创新创业领域应当扮演好安排者的角色，利用各种制度充分调动市场主体创新创业的积极性，以保持整个市场的活力。中山市是在创新创业领域服务贯通能力实测中较为典型的城市，获得了最高分值 2.24 分。在其政府网站中,将科技创新作为公共服务的一个小栏目予以呈现,行政相对人可以通过引导直接进入相关页面,且在"科技创新"栏目中设置了与创新创业密切相关的优惠政策、科技创新资源、科技扶持资金和扶持资金结果公示,实现了便民的初衷。点击"优惠政策",可以发现政府从创新发展与创业就业两个层面给予了类型化处理,属于创新领域,则直接点击"创新发展优惠政策",属于创业领域,则直接点击"创业就业优惠政策",两种链接页面都将转换到中山市惠企政策要点选编,这个选编包含了 2014 年以来的惠企政策文件,并以"创新发展"、"转型升级"、"内外贸易"、"城乡建设"、"企业减负"、"创业就业"、"人才引进"、"现代服务业"、"现代农业"及"入学入户"等 10 个栏目予以编排,若是创新领域,则显示创新发展的相关政策;若是创业领域,则显示创业就业的相关政策。

中山市在政府门户网站中,通过牵引性行为指导行政相对人实现对创新创业的了解,通过逐层牵引帮助行政相对人了解创新创业政策及个人所办事项的进度,并以各种类型化的处理方式,帮助行政相对人及时找到个人所需的信息,重点显示政策的核心内容。

图 9　中山市政府门户网站公共服务频道

资料来源:http://www.zs.gov.cn/main/services/。

图 10 中山市惠企政策要点选编界面

资料来源：http://www.zs.gov.cn/main/zwgk/policy/index.action?did=1608。

（四）办事诉求响应能力建设

办事诉求响应能力测量的设计既体现了线上服务的优化，也体现了线下业务的调整，且和"一网通办""最多跑一次"等重要点位，以及企业投资项目核准/备案、个人所得税申报等事项密切关联。宁波市是在办事诉求响应能力测量中成效较为显著的城市。通过图 11 可知，宁波市在政务服务网站中以"个人办事"栏目为依托，将个人办事划分为缴款、工作、车辆、房屋、旅游、证件、医疗、婚姻等不同事项，将法人办事划分为企业开设、贸易与检测、中小企业服务、公共资源交易、中介超市和社会组织等六项，并依次在这些事项中列置具体内容。本报告所涉及点位如身份证办理、就业培训补贴、工伤认定、二手房交易、公司注销登记、外国人工作许可、公积金提取、护照办理、个人所得税申报、公积金提取、护照办理等大多在此有所呈现，不同程度地实现了相关事项的网上办理目标，如在公积金提取、护照办理、个人所得税申报等领域实现了"最多跑一次"改革，在企业投资项目备案/核准、房屋租赁登记备案等领域实现了"全程网办"，因而，宁波市在此项指标的测量中走在了我国前列。

"放管服"改革专题分析报告

宁波市办事诉求响应能力建设取得显著成绩主要表现为以"最多跑一次"改革为指导原则,全面系统地将个人事项与企业事项分门别类地纳入政府网上办事平台,从个人生活及相关公共服务、企业相关事项方面丰富政府服务办事诉求响应内容,最大限度地方便公民与企业,助推个人和企业办事"最多跑一次""只进一扇门"改革进程。

图11(1) 宁波市政府门户网站

资料来源:http://nb.zjzwfw.gov.cn/。

图11(2) 宁波市政府门户网站个人办事界面

资料来源:http://nb.zjzwfw.gov.cn/。

图 11（3）　宁波市政府门户网站法人办事界面

资料来源：http://nb.zjzwfw.gov.cn/。

三　小结

通过"放管服"改革与营商环境视域下对 333 个地方政府互联网服务能力的测量发现，大多数地方政府均意识到可以运用互联网推动"放管服"改革，提升政府效能，积极营造优良的营商环境，"放管服"改革和政府互联网服务能力建设相得益彰。主要结论如下：①企业注册开办呈现在政务网上服务中的地方政府占比高，但内在成效存在较大差异；②大多数地方政府利用互联网推动了企业经营纳税改革，但改革成效不一；③地方政府利用互联网推进创新创业领域改革的占比高，但区域间成效差异大；④地方政府互联网服务办事诉求响应能力整体形势不容乐观，内部差异性显著。总之，"放管服"改革视域下地方政府互联网服务能力建设既取得了前所未有的成绩，也存在利用互联网推动企业注册开办改革内部差异较大，企业经营纳税与企业创新创业领域网上服务能力成效差异大等现实问题。

经典案例的剖析显示，深圳市政府利用互联网推动企业注册开办的成就主要有政府在网站中的人性化设计及主动制定政策缩减法定办理时间，积极营造优良的政务服务环境；珠海市政府在企业经营纳税服务贯通能力方面取得的成就主要是实现了市税务局与省税务局网站的有效衔接，省税务局以整体性治理思维实现了对税务服务信息的回应，对企业经营网上纳税进行了统一规范；中山市政府在政府门户网站中，通过牵引性行为指导行政相对人实现对创新创业领域的了解；宁波市政府在办事诉求响应能力建设方面取得的显著成绩主要为以"最多跑一次"改革为指导原则，全面系统地将个人事项与企业事项分门别类地纳入政府网上办事平台中。

倘要最大限度地实现"放管服"改革与地方政府互联网服务能力建设的衔接，应当从以下几方面努力。

第一，推进地方政府从"放管服"改革视域加强政府互联网服务能力建设的绩效考核。绩效导向是地方政府行为逻辑的指南，因而，可采取绩效考核形式推进地方政府从"放管服"改革视域加强互联网服务能力建设，以"五个一"为考核准据，审视地方政府利用互联网实现企业开办时间再减一半，项目审批时间再砍一半，政务服务一网通办，办事力争做到"只进一扇门""最多跑一次"的程度，围绕"五个一"主要内容设计科学合理的指标体系，各省、自治区、直辖市政府全面负责所辖地域内各市级政府的考核工作，针对考核结果事先制定奖惩制度，以引导地方政府朝考核目标迈进，以期以制度形式保障绩效考核的合法性、有效性和稳定性，推动国家治理体系和治理能力现代化进程。

第二，完善地方政府关于互联网服务能力建设的学习交流机制。学习交流是地方政府审视自身行为、工作差距，站在"巨人肩膀"上实现突破创新的媒介，发展相对落后的地区可以从发展先进的地区获得丰富的建设经验，继而结合自身特色与现实基础，制定促进自身互联网服务能力建设的政策。因而，有必要完善地方政府关于互联网服务能力建设的学习交流机制，为地方政府就互联网服务能力建设问题形成良好的交流合作关系，可采取优秀城市带动、帮扶滞后城市的"一对一"或者"一对多"思路展开。此举既厘清了滞后城市、优秀城市在互联网服务能力建设中的定位，让各个城市对自身互联网服务能力建设的准确定位有正确认识，又强调了优秀城市在带动滞后城市、强化互联网服务能力建设中的责任，需要两者共生共存。

第三，构建地方政府强化互联网服务能力建设容错机制。推动地方政府强化互联网服务能力建设是充分发挥地方政府领导主观能动性的行为，需要地方政府具有一定的创新意识，敢于尝试、敢于突破，而创新、尝试和突破都具有一定的风险性，并非完全按照个人意志发展，这便导致了很多地方政府领导有思想而不敢为的现象。因此，要充分调动地方政府强化互联网服务能力建设，应构建相应的容错机制，地方政府才敢于尝试、敢于突破，不断地实现互联网服务能力建设创新发展。

参考文献

《李克强在全国深化"放管服"改革 转变政府职能电视电话会议上的讲话》，《光明日报》2018年7月13日，第3版。

《李克强在全国推进简政放权放管结合职能转变工作电视电话会议上的讲话》，中国政府网，2015年5月15日。

李金兆、徐霁、王萌森：《以服务对象为中心的全生命周期政务服务研究》，《成都行政学院学报》2018年第6期。

李金兆、董亮、简青：《网络社会与行政生态变革下的政务服务研究》，《电子政务》2015年第5期。

翟云：《政府职能转变视角下"互联网＋政务服务"优化路径探讨》，《国家行政学院学报》2017年第6期。

李军鹏：《改革开放40年：我国放管服改革的进程、经验与趋势》，《学习与实践》2018年第2期。

宋林霖、何成祥：《优化营商环境视阈下放管服改革的逻辑与推进路径——基于世界银行营商环境指标体系的分析》，《中国行政管理》2018年第4期。

孙萍、陈诗怡：《基于主成分分析法的营商政务环境评价研究——以辽宁省14市的调查数据为例》，《东北大学学报》（社会科学版）2019年第1期。

翟云：《政府职能转变视角下"互联网＋政务服务"优化路径探讨》，《国家行政学院学报》2017年第6期。

中国行政管理学会课题组：《深化"放管服"改革 建设人民满意的服务型政府》，《中国行政管理》2019年第3期。

B.6
政务新媒体专题分析报告

雷鸿竹 张海霞 简 青*

摘　要： 早在2014年政府信息公开工作要点中，国家就提出"加强新闻发言人制度和政府网站、政务微博微信等信息公开平台建设"。随着《国务院办公厅关于推进政务新媒体健康有序发展的意见》等相关政策文件的陆续出台，我国政务新媒体步入快速发展期，从中央到地方各级各地政府纷纷通过政务新媒体的手段和方式，发挥其在公共服务、舆论引导、信息发布、民生沟通等方面的重要作用，政务新媒体已逐渐成为全面客观评估地方政府互联网服务水平不可或缺的一部分。本报告通过对全国333个地级行政区移动新媒体应用开通数量、整体情况的调查，并有重点地结合案例进行分析，以期为我国政务新媒体深入发展提供可参考的启示。

关键词： 政务新媒体　政务微信　政务微博　移动互联网

《国务院办公厅关于印发进一步深化"互联网+政务服务"推进政务服务"一网、一门、一次"改革实施方案》中提出，加快建设国家、省、市三级互联的网上政务服务平台体系，推动更多政务服务事项网上办理，

---

* 雷鸿竹，电子科技大学公共管理学院硕士研究生，研究方向为电子政务与公共安全；张海霞，成都市经济发展研究院政府网站研究所研究咨询，研究方向为政府治理、电子政务和社会信用；简青，成都市经济发展研究院数据情报研究所研究咨询，研究方向为大数据与竞争情报、政府治理。

拓展政务服务移动应用，大幅度提高政务服务便捷性。在各地城市政务服务建设实施方案中，强调加快推进政务服务形式由政府门户信息网站向移动政务客户端、移动政务平台等形式拓展，实现政府网站、政务客户端、政务移动平台之间互联互通、协同发展。最早从2014年政府信息公开工作要点中，国家就开始提出加强政务微博、政务微信等政务新媒体平台建设，也正是从这一年起，作为"政务微博""政务微信""政务客户端"统称的政务新媒体被正式提出。互联网、人工智能、大数据的发展和深化应用，也为政务服务向"两微一端"的延伸拓展奠定了坚实的基础。2018年正式出台的《国务院办公厅关于推进政务新媒体健康有序发展的意见》，首次规定政务新媒体的内涵除了"两微一端"外，还包括在第三方平台上开设的其他政务账号或应用，此外，还强调从政务发布内容、公众需求满足、服务方式和功能、服务协同联动性四个方面发展政务新媒体。

本报告依据上述政策文件定义和要求，评估全国333个地级行政区政务新媒体时，将着重介绍政务新媒体总体发展状况和未来发展趋势。

一 移动政务客户端的整体情况

在这个维度，本报告主要评估全国地级行政区是否开通移动政务渠道。由于各城市行政级别、规模和经济发展都存在一定的差异，为了较好地对各个地级行政区移动政务客户端的开通情况进行更为细致的对比，将地级行政区按照行政级别分为副省级/省会城市和地级行政区两大类别，分别列出两类城市的移动政务客户端开通情况（见表1）。总体来看，通过对全国333个地级行政区的评估，发现有296个地级行政区开通了移动政务应用的渠道，总体覆盖率达到88.9%。在副省级/省会城市中，移动政务客户端开通的比重高达93.8%，而地级市移动政务客户端开通的比重也达到88.4%，基本实现了全面覆盖。暂未开通移动应用渠道的城市主要分布在阿拉善盟、阿里地区、昌都市等地区。

表1 移动政务客户端开通情况

单位：个，%

项目	副省级/省会城市		地级市	
	数量	比重	数量	比重
开通	30	93.8	266	88.4
未开通	2	6.3	35	11.6

资料来源：根据《中国地方政府互联网服务报告（2019）》的基础数据，由作者统计整理得到。

从总体发展情况来看，全国大多数地级行政区均已开通移动政务客户端，移动政务客户端数量众多，但真正发挥作用的移动政务客户端并不多，"僵尸"类客户端大量存在，无法满足用户使用需要。通过浏览移动政务客户端基本情况，发现其内容主要集中在公共服务和交流互动两方面，以及少部分的新闻资讯。本部分选择其中发展情况较好的"我的南京""天府市民云""云端武汉·政务"三款政务客户端进行介绍，并将其功能异同之处归纳总结。

"我的南京"这款政务客户端由南京市政府主办，提供关于公共服务的内容，主要集中在"我的城市"专栏，涉及交通、健康、文旅、社区、政务、大学生、财富和公益服务。例如交通专栏中提供自行车、路况、停车场查询以及新能源充电、缴费等功能服务，充分满足公众的出行需要。此外，南京市政府在其政务客户端中将公众常用的服务功能添加到首页较为显眼的位置，便于公众查询（见图1）。公共服务突出特点在于对文化和公益生活的重视，为市民提供在线学习、市民学堂、金陵图书馆等多种形式免费的视频、音频和讲座学习内容。为了提高市民对文化参与的积极性和重视程度，市民还可通过客户端进行在线预约观看各种话剧、歌舞剧的文艺演出，并对预约观看市民提供票价30%~50%不等的政府补贴。而新闻资讯主要集中在"南京信息"和"信息公开"（见图2）中，涉及经济、民生、文化、旅游等信息通知以及分重点领域和专题专栏对南京市政府最新文件和政策的解读；"互动交流"主要以新闻发布会和网上直播等视频手段和网上意见征集、热点问题发布等文字形式与市民相互沟通交流。

图 1　政务 App "我的南京"界面　　图 2　"我的南京"—"南京资讯"界面

与"我的南京"相比,"天府市民云"开办的时间较晚,由成都市委、成都市政府共同主办。关于公共服务的内容,主要集中在首页,以从区县出发、从社区出发、从公众出发为原则,为公众提供衣食住行、生老病死、安居乐业的全方位服务。服务种类涉及婴幼服务、文体教育、民生保障、就业创业、家庭生活、交通旅游、健康医疗、养老服务、环境气象和法律服务等(见图3)。

其突出特点在于以社区为单位提供公共服务,加入所在社区后,可查看所在社区附近的政府机构、社会组织、购物娱乐、文化教育具体位置,参加当地举办的各类社区活动,合理引导了市民行为,塑造文明健康城市形象。头条新闻—GoChengdu专栏中专门介绍成都文化,以英文展现在成都举办的国际赛事、活动通知,为不同的人群认识成都、了解成都提供多样化、国际化的视野。关于互动交流的内容,都集中在互动专栏,设置市民发声、市民咨询、市民建议等渠道，方便市民咨询投诉、提出建议，并设置常见问题放到推荐专栏中，可为其他有类似情况的市民提供参考。此外，通过每日登录可获得人民币0.01元物质奖励的手段，鼓励市民登录，且此奖励功能支持支付宝和微信钱包。

图3　政务App"天府市民云"界面　　图4　天府市民云—成都头条界面

"云端武汉·政务"客户端在设计上大方简洁，关于公共服务的内容主要集中在"我的办事""在线办事""进度查询""网点服务""办事热点"几个版块，办事服务种类较少，服务功能尚不能全部实现，其中"进度查询"版块设置具有创新性，但进一步查询事项无法加载。互动交流主要由市长信箱、问题征集、信息公开、政策解读、众规武汉构成，其中问题征集、信息公开、市长专线部分功能暂时无法使用。"众规武汉"具有一定创新性，分为众治、众智、众知、深度观察，可使公众更好了解武汉市科技、学术前沿、城市规划具体工作，但此栏目更新情况不够理想。云端武汉·政务App突出特点在于"社会热点"专栏可直接跳转到武汉市政府应急办的微博,实现移动客户端、微博通过同一账号关联、捆绑,实现两者之间互联互通发展;此外,武汉市在办事服务方面除了"云端武汉·政务",还有"云端武汉·市民",如果"云端武汉·政务"无法提供更多的办事服务,可通过"云端武汉·市民(市民空间)"专栏实现同一个账号无缝衔接,提高办事服务的效率。

总体而言,通过对上述三款政务App特点和功能的概述,可以发现以客户端为代表的政务新媒体平台的内容设置都集中于"公共服务"和"互动交流"两个方面,但各自的特点都有所不同(见表2)。

表2 移动政务客户端服务功能基本情况

客户端	公共服务的分布及特点	互动交流分布及特点	新闻资讯分布及特点
我的南京	我的城市;服务种类多,重视文化、公益	互动交流;视频手段、文字形式	南京信息、信息公开;重点突出地解读政策
天府市民云	首页;服务种类多,从区县、社区出发	互动专栏;咨询、投诉	成都头条;涉及热点、民生、科学信息
云端武汉·政务	集中在办事服务等;分散、出现无法加载	集中在市长信箱等;分散、暂无更新	集中在武汉要闻等;分散、部分功能暂无法使用

资料来源:根据移动客户端版块功能设置,由作者统计整理得到。

由此看出移动政务客户端的核心在于为公众提供公共服务,在办事服务效率、服务流程上力求做到"让数据多跑路,让公众少跑路",其服务事项种类较多,内容较丰富,充分满足了公众日常生活需要,但也存在一部分服务事项功能无法使用的情况。同时,不同城市会依托于其历史文化特色进行城市文化宣传。在互动交流中,主要是通过文字、视频、图片等多种形式汇集公众关注的热点问题,征集意见建议,拓宽公众与政府之间的联系渠道。此外,不同城市提供的公共服务也不尽相同,比如"我的南京"更为关注公益和文化专栏,"天府市民云"更注重从市民小区出发,提供贴近居民生活的查询服务,为其他政务客户端发展提供了新的参考方向。

二 政务微信、微博应用的整合情况

类似地，采取按照上述两种分类方法评估全国333个地级行政区政务微信应用的整合能力，主要依据的指标是各地级行政区是否有整合5个以上服务的综合类微信应用。据统计，全国333个地级行政区中有188个地级行政区不能达到指标要求，近56.5%的地级行政区政务微信应用的整合程度未达到标准。其中副省级、省会城市移动微信应用服务整合未达标比例高达31.3%，地级行政区未达到标准比例达58.8%（见表3）。由此来看，政务微信应用整合能力还需提高。

表3 政务微信应用服务整合情况

单位：个，%

项目	副省级、省会城市		地级行政区	
	数量	比重	数量	比重
整合程度达标	22	68.8	124	41.2
整合程度未达标	10	31.3	177	58.8

资料来源：根据《中国地方政府互联网服务报告（2019）》的基础数据，由作者统计整理得到。

由于政务客户端具有深层次、交互性和精准推送等特点，其重点功能更集中于公共服务和互动交流，与其他形式政务新媒体的相互融合可提供更多服务。相比较而言，政务微信应用的传播空间更为私密，通过与关注者以文字、视频和图片等形式的互动，通过朋友圈功能，使消息迅速通过亲密的熟人关系圈得到传播；政务微博因其开放性在信息发布和传播上作用显著，公众通过转发、评论等互动交流形成独特的舆论传播方式。[1] 根据政务微信与微博的不同特点，结合政务微信、微博应用的基本情况，发现各地发展情况虽有所不同，但其主要内容都离不开信息公开、公共服务和政务活动三大部分。类似地，政务微博应用内容更具有多样性，以互动交流和文化宣传为主要

---

[1] 赵如涵、郭笑晨、樊攀：《电视媒体"移动传播化"的机制与困境：以"三微一端"实践为例》，《电视研究》2016年第10期。

内容，因此本部分将从这五个方面进行，选择其中表现较好的地级行政区"苏州市"和"银川市"作为案例，简要分析其城市政务微信、微博的应用特点。

苏州市政务微信应用苏州发布主要分"微信息""微服务""微活动"三大版块（见图5）。关于信息公开的内容，主要集中在微信息—政务公开，包括政府领导职务、主管分工，按照主题、组配、题材分类解读政府文件，通过文字、图片和政策简明问答三种形式解读政策实施方案，详略得当。此外，在财政审计、政府采购、食品药品、安全质量、信用信息、国企运营监管等众多重点领域，辅以新闻发布会议视频等形式进行信息公开。公共服务内容表现得较少，集中在微服务—便民公告中，主要发布停水、停电、停气、公交线路改变等生活通知。政务活动主要体现在微活动中，有随手拍、晒春天、我心中的最美乡村、我眼中的最美乡村、2019走看聚、走看聚评价等。

苏州市政务微博应用"苏州发布"（见图6）是苏州市人民政府新闻办公室主办，主要负责对外宣传和交流，粉丝数量达200万人，原创比例较高，发布的内容具有吸引力、准确、权威的特点。此外，内容更新较快，粗略统计每天更新的内容在10条以上，其内容主要涉及资讯要闻、停水停电便民服务提醒、纪念日活动推送、美食、旅游、文化等最新推荐。此外，通过发布"早安苏州"和"晚安苏州"话题形式与公众进行互动交流，形式多样，内容积极向上，弘扬主旋律，传播正能量。

与苏州市不同，银川市地处西部地区，为了优化营商环境，率先在全国开展行政审批制度改革，形成了一些可在全国复制和推广的经验。银川市政务微信应用——银川政府网，主要的版块有"政务公开""政务服务""政民互动"。关于信息公开的内容主要有机构职能、政府文件、政府公报、政策解读和市政府常务会议；关于公共服务的内容有个人办事、法人办事、部门办事、便民服务和咨询服务，实现了政务微信应用与政务门户信息网站的无缝跳转，实现了两者的互联互通发展，推动更多政务服务功能实现。关于政务活动内容有互联网+督查、公示公告、回应关切、市长信箱、意见征集等，实现了与公众的良好互动。其中"互联网+督查"专栏，将政府机构建议、投诉等直接反馈到国务院部门，公开曝光，增强透明度。

图5 政务微信应用"苏州发布"界面　　图6 政务微博应用"苏州发布"界面

此外,本部分选择银川市的政务微博应用"问政银川"作为案例进行介绍(见图7)。"问政银川"是由银川市市委办公厅、银川市政府办公厅牵头主办,统领全市和各县区的市政部门,进行监督、考核。该微博账号开办于2011年,确定了"政务微博不但要答复大多数群众关心的问题,更要解决少部分群众需要解决的问题,提供个性化的服务、平等的对话"的定位,其功能除了新闻资讯、信息公开外,主要功能是督促督办,受理银川市民的一般性事务性投诉,受理市民咨询、投诉事项并转接到相应部门要求限时处理回复。同时,承诺微博诉求回复时间为工作时间1小时内、节假日休息时间8小时内,有呼必应!通过微博查询发现2018年的原创内容仅有6条,数量较少。发布内容除了市民投诉外,还涉及公交机票出行信息、就医信息、气温节气提醒,内容积极向上。同时各级政府机构微博之间的协调沟通渠道通畅,内容上也会转发银川发布、银川市民大厅等政务微博的内容。

图 7 政务微博应用"问政银川"

本部分通过对苏州市、银川市的政务微信、政务微博应用的介绍,发现不同地级行政区的政务微信、微博的应用特点和功能都存在一定的差异(见表4)。

表 4 政务微信、微博应用服务功能基本情况

地级行政区	政务微信应用	特点	政务微博应用	特点
苏州市	苏州发布	①内部评价苏州市的主流政务微信应用。暂时仅对2019年1月评估 ②热点资讯、便民公告贴近公众衣食住行、生老病死、文化娱乐等的相关资讯 ③城市文化介绍,调节字体大小个性化设置	苏州发布	①内容更新快 ②原创比例高 ③互动形式多样

续表

地级行政区	政务微信应用	特点	政务微博应用	特点
银川市	银川政府网	①政务微信与门户信息网站实现无缝跳转，进行更多事项办理 ②政务新媒体矩阵。政务微信、微博应用众多 ③互联网+督查。由国务院统一督查、公开曝光，增强透明度	问政银川	①督促督办，受理银川市民的一般性事务性投诉 ②回复处理速度快 ③内容上转载党委、政府网站以及有关部门确定的稿件及来源

资料来源：根据政务微信、微博应用服务功能特点，由作者统计整理得到。

可以发现，政务微信应用的服务功能较为丰富，但公共服务办理事项还需要加强，一些事项仅能提供查询，不能在线办理。以微信为代表的政务新媒体的主要功能可大致分为对外宣传和办事服务两大类。第一类侧重于文化宣传，例如"苏州发布"，承担以宣传与政务信息公开为主的功能，一般由政府宣传部门直接管理；第二类侧重于办事服务，例如银川政府网，汇集个人办事、法人办事、部门办事功能，主要特点在于政务服务功能强大。相比较，政务微博应用功能更多表现在互动交流和舆论引导上，是公开信息和回应关切的最佳渠道，是有效掌控网络舆论信息阵地的手段；在政务服务事项上起到的更多是问政监督、舆情应对等作用，形成了问政与服务结合的平台。

三 小结

如何整合移动政务客户端、政务微博、政务微信等各类应用资源，加强协调性和集群性，是目前政务新媒体发展过程中需要解决的重要问题之一。由于移动政务客户端、政务微博、政务微信所具有的优势和特点不尽相同，结合地级行政区优秀应用所呈现的特点和功能，发现政务新媒体健康有效的长久发展，离不开政务新媒体的功能整合、配套专业的运营团队，并鼓励其他形式政务新媒体发展。

（一）加强政务新媒体功能整合

据本报告统计，全国大多数地级行政区已开通政务新媒体应用渠道，但在功能整合能力和服务水平上还需要加强，如政务客户端的下载量不高，网页打开错误，个性化服务较少以及客户端和微信、微博之间关联、捆绑和互联互通的问题仍然存在。其原因可能在于政府在政务新媒体的建设过程中，更重视研发搭建，忽视推广宣传，影响公众的下载量和使用量。

提高公众的黏性需要重视培养用户的使用习惯。例如成都市通过每日签到领取现金等物质奖励的方式激励公众登录和关注"天府市民云"客户端。此外，政务客户端的功能设计也要具有创新精神，立足当地人文环境、公众需求，提供具有本地特色的服务或实现个性化信息推送，逐渐培养首期公众群的使用习惯。在客户端的个性化设置上，语言、字体、字号、颜色、页面布局、消息推送等力求做到清晰明了、简洁大方，为公众带来不同的使用体验，满足公众多元化的需求，有助于提高用户黏性。

（二）配套专业的运营团队

政务微信、微博这种社交渠道能较好地连接政府和公众，不仅仅是政府信息公开的渠道，更是一个政民互动的平台。随着公众需求日趋多元化，政务新媒体形式不断更新，需要运营的政务新媒体账号越来越多，然而与之相配套的运营团队主要是政府部门，缺少专业的团队，尤其是基层政务部门，缺少条件配备专门的运营人员，运营人员的工作任务繁重，无法全身心地投入政务新媒体运营工作中。

例如"问政银川"的日常运营工作由银川市委督查室下设的专门运营团队负责，保证平台全天有人在线值守，建立值班值守制度，加强日常监测，确保信息更新，这种机制化和专业化的运营团队有效地保证了政务新媒体的正常高效运转。此外，配备专业化运营团队，将枯燥难懂的报告或政策通过图解、漫画等多种形式，凝练成一幅幅简明扼要的图画，设计出更为活泼的排版风格、运用更为生动口语化的语言，提高原创比例，让群众不仅能看懂，还会主动转发，发挥微博、微信互动性、实时性特点，逐渐把政务信息融入公众的日常生活。

（三）鼓励其他形式的政务新媒体蓬勃发展

2018年以来随着短视频平台的崛起，很多政务机构在原有"两微一端"政务新媒体的基础上尝试其他的传播方式，例如在今日头条、网易号、抖音、快手、澎湃问政等其他平台上开设政务账号，拓宽了原有的政务信息传播渠道，这成为政务新媒体的发展亮点。例如支付宝作为政务服务的主要平台接入各类互联网支付、社会服务、物联网系统，在支付宝实名认证后，支付宝的政务服务几乎覆盖公众日常生活中所有常见的政务服务，包括警务、交通、医疗卫生、气象环境、司法、文化体育、旅游、社保民政、税务以及教育。鼓励H5、短视频等多种形式的政务新媒体发展，不仅拉近群众与政务部门的距离，增加有趣性，而且可以增加用户黏性。

随着政务新媒体的不断发展与壮大，加强和规范政务服务移动应用的建设管理，推动更多政务服务事项提供移动端服务是政府互联网政务服务未来发展的趋势之一。

参考文献

陈晶晶、余明阳、薛可：《政务微博十年的变与不变——基于发展态势和传播特征的观察》，《新闻与写作》2019年第6期。

陈然：《"双微联动"模式下政务新媒体公众采纳的实证研究》，《电子政务》2015年第9期。

李金兆、董亮、王沙：《视觉与体验——中外政府网站策划设计比较研究》，国家行政学院出版社，2015。

陈则谦：《中国移动政务APP客户端的典型问题分析》，《电子政务》2015年第3期。

付熙雯、郑磊：《国内政务与公共服务移动客户端应用研究》，《电子政务》2015年第3期。

贾雅雯：《政务新媒体发展模式探究》，《中国出版》2019年第11期。

金婷：《浅析政务新媒体的发展现状、存在问题及对策建议》，《电子政务》2015年第8期。

靳小平、海峰：《我国移动政务的驱动要素、存在问题及发展对策》，《中国社会科学院研究生院学报》2018年第4期。

马亮：《政务短视频的现状、挑战与前景》，《电子政务》2019年第7期。

张航：《从电子政府走向移动政府的理论与实践探索》，《电子政务》2017年第12期。

赵金旭、孟天广：《科技革新与治理转型：移动政务应用与智能化社会治理》，《电子政务》2019年第5期。

赵雯：《政务新媒体的短视频传播分析》，《传媒》2019年第5期。

郑磊、熊久阳、吕文增：《"上海发布"政务微信研究：前台运营与后台管理》，《电子政务》2016年第1期。

郑跃平、王海贤：《移动政务的现状、问题及对策》，《公共管理与政策评论》2019年第2期。

B.7
政府回应专题分析报告

冯小东 罗 燕 殷丽娜*

摘 要: 我国越来越多的地方政府开始注重政民互动在公共服务创新中的作用,建立起基于网络的多渠道参与和互动平台,并主动对公众关注及诉求进行回应,这些在政府治理中发挥了重大作用。本报告着重从热点事件关切、与公众的交流、对政策法规的解读等方面,对全国地级政府主动响应公众诉求的情况进行分析,并揭示其中的优秀案例。总体上主动感知能力得分较高,有超过220个地级行政区得分率超过60%,超过80个地级行政区得分率超过80%。但是,研究发现了以下不足,包括主动响应能力的区域差异明显,热点事件的服务响应能力不足,政策解读形式比较粗放、缺乏精细分类。

关键词: 政民互动 主动感知 政府回应 主动回应 政策解读

电子政务服务中,政府与公众的有效互动将连接公共服务的提供者和接受者,共同创造公共服务的价值。在公共服务基本供给之外,政府需要创造一个鼓励和推动公众参与的环境和渠道,充分考虑公众的需求,并及时对公

---

* 冯小东,电子科技大学公共管理学院副教授,研究方向为电子政务与网络舆情;罗燕,成都市经济发展研究院政府网站研究所研究咨询,研究方向为政府治理、政府网站与电子政府;殷丽娜,成都市经济发展研究院政府网站研究所研究咨询,研究方向为政府治理、电子政务与政务服务。

众诉求进行反馈。而"互联网＋"时代的电子政府治理，更加强调公众与政府的互动，公众通过获取政府对自身诉求的反馈，拥有了更多参与公共事务管理的机会，拓宽了政府管理的途径和渠道，对于提高政府的决策水平有显著益处，是政府达到"善治"目的的途径。

因此，我国越来越多的地方政府开始注重政民在线互动在公共服务创新中的作用，在由管理型政府向服务型政府转变的过程中，利用新兴技术和先进的管理思想对政府事务进行流程再造，建立起基于网络的多渠道参与和互动平台，使广大公民能够直接与政府官员对话，实现了时间、空间上的"无缝连接"。基于各种诉求反馈渠道和平台，公众能够自发自觉且高质量地参与到公共服务决策过程中，使公众和政府能够充分交流。可以看出，政府提供在线互动平台以及对公众诉求的积极响应，在民主治理的实现路途中具有极其重要的作用。

2013年出台的《国务院办公厅关于进一步加强政府信息公开回应社会关切提升政府公信力的意见》提出："各地区各部门应积极探索利用政务微博、微信等新媒体，及时发布各类权威政务信息，尤其是涉及公众重大关切的公共事件和政策法规方面的信息，并充分利用新媒体的互动功能，以及时、便捷的方式与公众进行互动交流。"2016年国务院办公厅发布的《关于在政务公开工作中进一步做好政务舆情回应的通知》也提出："对政府及其部门重大政策措施存在误解误读的、涉及公众切身利益且产生较大影响的、涉及民生领域严重冲击社会道德底线的、涉及突发事件处置和自然灾害应对的、上级政府要求下级政府主动回应的政务舆情等，各地区各部门需重点回应。"2016年国务院办公厅印发的《关于全面推进政务公开工作的意见》中指出，"将政策解读与政策制定工作同步考虑，同步安排。各地区各部门要发挥政策参与制定者、掌握相关政策、熟悉有关领域业务的专家学者和新闻媒体的作用，注重运用数字化、图表图解、音频视频等方式，提高政策解读的针对性、科学性、权威性"。

因此，对重大热点关切事件的关注、与公众的交流、对政策法规的解读是政府利用互联网进行主动回应的重要方式。

一 政府主动响应整体情况

2019 年报告指标体系中的 B-3-3（主动感知能力）主要用来衡量政府对热点事件的主动关注、与公众回应交流和政策解读情况，具体得分点位包括：热点事件感知，政府回应专栏，重点舆情整理、回应解读，政策解读专栏，政策解读分类，多媒体形式政策解读等 6 个点位，总体得分如图 1 所示。可以看出，总体上主动感知能力得分较好，有超过 220 个地级行政区得分率超过 60%，超过 80 个地级行政区得分率超过 80%。

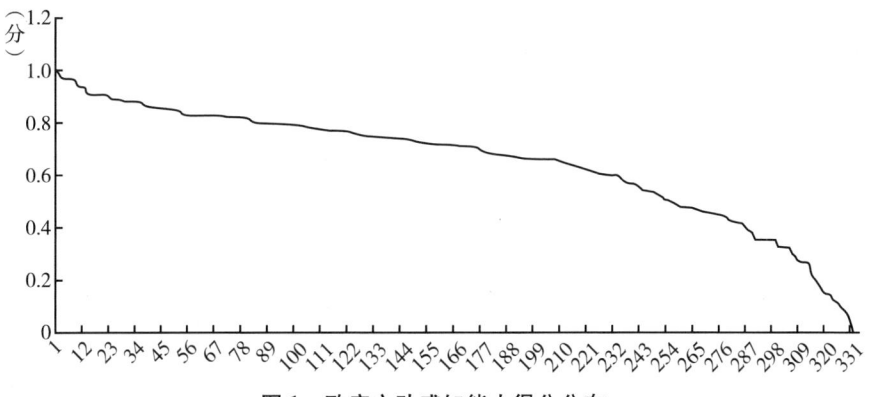

图 1 政府主动感知能力得分分布

具体来看，该指标各评价点位的平均得分率如表 1 所示，可以看出平均得分率最高的是"政策解读专栏"，接近 86.2% 的地级行政区（287 个）建立了政策解读专栏，其次是"政府回应专栏"，有超过 76.3%（254）的地级行政区建立了相应的专栏；而平均得分率最低的是"多媒体形式政策解读"，只有 38.4%（128 个）地级行政区通过多媒体形式进行政策解读。

表 1 主动感知能力各子指标得分情况

指标	平均得分率	数量（个）
热点事件感知	0.519	173
政府回应专栏	0.763	254
重点舆情整理、回应解读	0.695	232

续表

指标	平均得分率	数量(个)
政策解读专栏	0.859	287
政策解读分类	0.440	147
多媒体形式政策解读	0.383	128

对应不同城市类型看，如表2所示，副省级城市和省会城市的互联网主动感知能力表现优于一般的地级市，同时副省级和省会城市的得分率（77.10%）最高，普通地级市的得分率仅为64.31%。

表2　主动感知能力不同类型城市得分情况

单位：%

城市类别	得分率
地级市	64.31
副省级城市	73.80
省会城市	73.00
副省级城市和省会城市	77.10
总　计	65.28

具体到各省份的得分情况如表3所示。可以看出，安徽省所有地级行政区的平均得分率最高，达到83.93%。青海省的平均得分率最低，只有35.38%。而省内差异最大的是西藏，标准差超过了30%。差异最小的是贵州省，仅为5%。总体上，相比西部省份（青海、新疆），东部省份（如安徽、湖南、福建、浙江、广东、山东）地级行政区的主动感知能力较强。

表3　主动感知能力不同省份得分情况

单位：%，分

省份	得分率	标准差	最大值	最小值
安徽	83.93	14.42	97.00	42.00
湖南	82.57	9.09	97.00	64.00
贵州	82.22	5.07	88.00	74.00
福建	76.00	15.69	97.00	51.00
吉林	73.11	7.39	83.00	59.00

续表

省份	得分率	标准差	最大值	最小值
浙江	73.00	8.06	86.00	57.00
山东	72.83	8.40	89.00	54.00
陕西	71.80	19.18	100.00	44.00
湖北	70.69	17.70	97.00	41.00
广东	70.38	17.66	91.00	15.00
山西	70.27	22.68	94.00	27.00
甘肃	66.93	19.26	97.00	21.00
四川	65.00	20.94	94.00	27.00
广西	63.86	19.20	86.00	30.00
宁夏	63.20	31.23	91.00	11.00
河南	63.00	15.20	82.00	30.00
江苏	63.00	24.72	97.00	0.00
内蒙古	62.58	21.36	88.00	18.00
江西	61.91	23.75	85.00	9.00
辽宁	58.64	24.14	100.00	12.00
新疆	56.07	22.91	83.00	9.00
云南	54.19	21.08	86.00	12.00
黑龙江	52.23	19.23	77.00	15.00
海南	51.75	30.51	68.00	6.00
河北	51.30	22.04	80.00	27.00
西藏	35.86	32.44	74.00	0.00
青海	35.38	24.22	74.00	12.00

二 热点事件主动感知能力

本报告选取了10个热点事件，通过关键词搜索统计政府网站有没有对应事件的感知，得到总体得分分布如图2所示。可以看出，大部分城市只对其中的4~7个关键词反映的热点事件进行了回应，总体平均回应率为0.52；少部分城市的回应数量小于4个或大于7个。

不同关键词的热点回应情况如表4所示。可以看出，"互联网+"、人才引进、乡村振兴和个税改革事件受到政府的互联网主动感知比例较大。

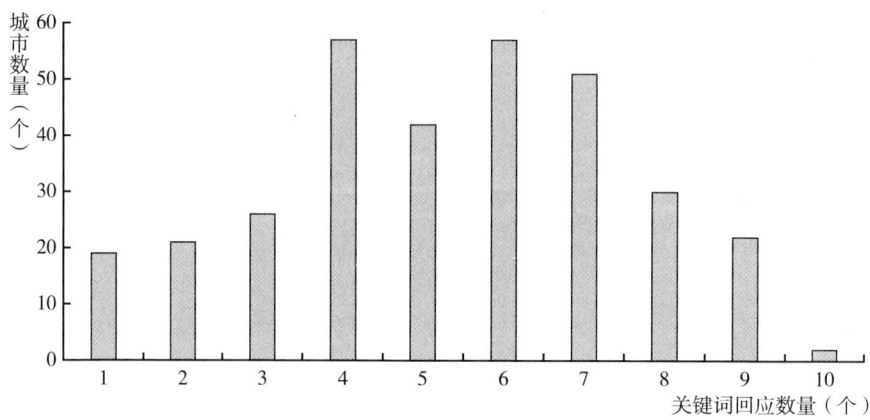

图 2 互联网热点感知能力分布

其中，2015年《国务院关于积极推进"互联网+"行动的指导意见》发布，"互联网+"已经成为中国的国家发展战略，"互联网+"新业态已成为各行各业经济发展的新趋势，各地也积极跟进。为了结合"互联网+"战略进行政务服务改革，很多政府网站建立了"互联网+政务服务"专题，如图3所示，在专栏中发布了工作推进、各地动态、上级文件、政策解读等内容。

表 4 不同关键词的热点回应

热点事件	回应率	城市数量（个）	热点事件	回应率	城市数量（个）
营商环境	0.497	166	营改增	0.380	127
精准脱贫	0.398	133	民营经济	0.335	112
互联网+	0.955	319	乡村振兴	0.683	228
个税改革	0.629	210	人才引进	0.850	284
双创升级版	0.009	3	机构改革	0.455	152

2017年以来，以杭州、西安、武汉、成都、南京为代表的15个"新一线"城市陆续出台了人才引进政策，2018年3月，传统一线城市北京和上海也推出了各自的新政，开始争夺目标人才。人才引进战略和政策制定成为各城市重要的工作，各地政府也通过互联网的形式发布相关政策，例如苏州

政府回应专题分析报告

图3 阜阳市"互联网+政务服务"工作专题

资料来源：http://www.fy.gov.cn/special/template/?_id=5a16d6fd7f8b9a7d572ec4e7。

市人民政府网站建立了"人才引进"专栏，对人才引进的政策和实施情况进行集中展示，如图4所示。

党的十九大提出的乡村振兴战略，是决胜全面建成小康社会、全面建设社会主义现代化国家的重大历史任务，也引发了大部分城市的互联网回应解读，例如赣州市、广元市人民政府网站建立了"乡村振兴战略"专栏（见图5、图6），介绍各层级政府发布的政策文件及地方实施案例。

个税改革也是2018年关乎民生利益的重大事件，国家相关部门发布了《个人所得税专项附加扣除暂行办法（征求意见稿）》，引起了公众的关注与

图 4　苏州市人民政府网站"人才引进"专栏

资料来源：https：//www.suzhou.gov.cn/zwfw/jycy_13174/jyaz_13259/rcyj_13262/。

图 5　赣州市人民政府网站"乡村振兴战略"专栏

资料来源：http：//www.ganzhou.gov.cn/c101837/list.shtml。

讨论，同样大部分城市进行了主动感知，例如江门市政府网站建立了"新个人所得税政策宣传栏"，集中发布专题政策信息汇总与解读，如图7所示。

政府回应专题分析报告

图6　广元市人民政府网站"乡村振兴战略"专栏

资料来源：http://www.cngy.gov.cn/govop/list/zd/10017.html。

图7　江门市"个税改革"专栏

资料来源：http://www.jiangmen.gov.cn/zwgk/ztbd/sdsf/。

政府互联网服务能力蓝皮书

在服务供给能力的服务贯通能力评估中,除了对一般服务事项的关注,本报告还考察了热点医疗服务的响应,选取了宫颈癌疫苗这一热点医疗服务在各城市互联网服务的关注情况作为评价点位,评估分布如表5所示。

表5 "宫颈癌疫苗接种"服务办理评估分布

指标	比例
事项办理有无	0.063
事项办理指南完备度	0.048
宫颈癌疫苗接种	0.057

总体上看,各城市在互联网服务中体现的对"宫颈癌疫苗接种"这一热点医疗服务的关注响应不够及时,只有5%左右的城市进行了解读并提供了事项办理流程,具有以下特征。事项办理服务的提供还不够规范,多通过新闻解读的形式给出当地的办理情况,如图8所示。个别城市提供了详细的

图8 防城港市"宫颈癌疫苗接种"解读

资料来源:http://www.fcgs.gov.cn/csgk/fzfcg/shsy/201803/t20180326_56857.html。

疫苗接种方式，如接种地点和联系电话，如图9和表6所示的合肥市提供的详细信息。深圳市通过App提供"宫颈癌疫苗接种预约"功能，是一种很好的及时响应方式，如图10所示。

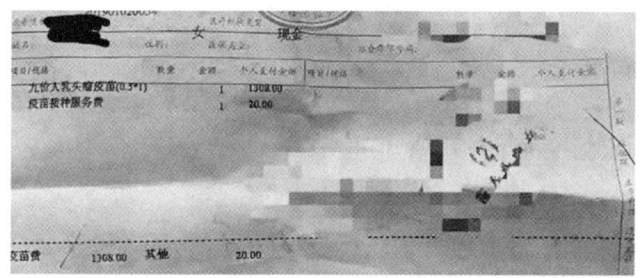

图9 合肥市"宫颈癌疫苗接种"详细信息

资料来源：http://www.hefei.gov.cn/xwzxdt/20488/201901/t20190104_2700968.html。

表6 合肥市"宫颈癌疫苗接种"详细信息

县区	接种单位名称	地址	开诊日期	联系电话	管辖范围
瑶海区	三里街街道社区卫生服务中心	合肥市瑶海区长江东路855号	每周一、二、三、六：8:00~11:00	0551-64253981	三里街街道全椒路东
	七里站街道社区卫生服务中心	合肥市瑶海区长江东路443号	每周一、二、三：8:00~11:00 14:00~17:00 每周四、六：8:00~11:00	0551-64418881	七里站街道
	铜陵路街道社区卫生服务中心	合肥市瑶海区长江东路721	每周一、二、三：8:00~11:00 14:00~17:00 每周四、六：8:00~11:00	0551-64213475	铜陵路街道

续表

县区	接种单位名称	地址	开诊日期	联系电话	管辖范围
瑶海区	和平路街道社区卫生服务中心	合肥市瑶海区和平路174号	每周一、二、三：8:00~11:00 14:00~17:00 每周四、六:8:00~11:00	0551-64493097	和平路街道
	胜利明光路街道社区卫生服务中心	合肥市瑶海区胜利路与滁州路交口	每周一、二、三、六：8:00~11:00	0551-64293035	胜利路街道
	车站街道社区卫生服务中心	合肥市瑶海区窑湾路6号	每周一、三、六：8:00~11:00	0551-64290059	明光路街道
	长淮街道社区卫生服务中心	合肥市瑶海区凤阳路80号	每周一、二、三、五、六：8:00~11:00 14:00~17:00	0551-64251570	长淮街道
	城东街道社区卫生服务中心	合肥市瑶海区合裕路1093号	每周一、三、五：8:00~11:00 14:00~17:00 每周四、六:8:00~11:00	0551-64483504	城东街道
	红光街道社区卫生服务中心	合肥市瑶海区合裕路与郎溪路交口西100米路南	每周一、三、五：8:00~11:00 14:00~17:00 每周二、六:8:00~11:00	0551-64528561	红光街道合裕路南
	合肥市第五人民医院	合肥市瑶海区裕溪路红旗建材市场对面	每周一、二、三、四、六：8:00~11:00	0551-62307596	红光街道合裕路北
	大兴社区卫生服务中心	合肥市瑶海区合裕路276号	每周一、三、五：8:00~11:00 14:00~17:00 每周四、六:8:00~11:00	0551-64535142	大兴镇
	龙岗开发区社区卫生服务中心	合肥市瑶海区长江东路与龙岗路口 长江批发市场对面	每周一、二、三、四、五、六、七：8:00~11:00 14:00~17:00	0551-67699532	龙岗开发区长江路北
	安徽静安中西医结合医院	合肥市瑶海区龙岗工业园遥控开关襄河路静安新城东商业楼	每周一、二、三、四、六：8:00~11:00 14:00~17:00	0551-64323717	龙岗开发区长江路南

政府回应专题分析报告

续表

县区	接种单位名称	地址	开诊日期	联系电话	管辖范围
瑶海区	方庙街道社区卫生服务中心	合肥市瑶海区临泉路与东二环交口北200米	每周一、二、三、五：8：00～11：00 14：00～17：00 每周四、六：8：00～11：00	0551-64427879	方庙街道东二环以东

资料来源：http：//www.hefei.gov.cn/xwzxdt/20488/201901/t20190104_2700968.html。

第二步：选择【预约接种】　　　　　　　　　　第三步：选择接种地点

第四步：选择【九价HPV疫苗三针套餐预约】　　第五步：选择预约日期

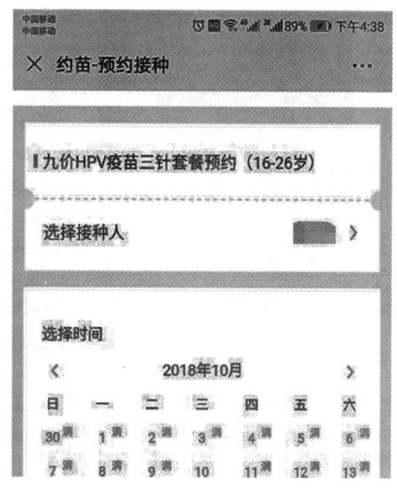

图10　深圳市"宫颈癌疫苗接种预约"网上服务界面

三 政府互联网回应能力

公众参与政府的互动回应是政府网站的基本功能之一,也是现行的主流电子政务评估体系的重要考核指标,政府网站多提供市长信箱等公众诉求表达渠道,除了对公众诉求进行一一解答之外,通常还对热点和重点关注问题进行整理,以专栏的形式予以展示。

(一)政府回应专栏建设

本报告评价了政府回应专栏建设的基本情况,大部分城市(76%)建立了"政府回应"专栏,体现了对公众关注的热点事件的主动回应。有些城市建立了整个版面的"回应关切",并进行分类展现,如图11所示的常州市人民政府网站"热点回应"专栏。

图11 常州市人民政府网站"热点回应"专栏

资料来源:http://www.changzhou.gov.cn/ns_class/myhd_10。

（二）重点舆情整理和回应解读

除了建立"热点回应"专栏外，对重点舆情的整理和解读也是在回应基础上进一步挖掘和提炼公众诉求的重要方式，接近70%的城市形成了重点舆情整理和回应解读。如图12所示，合肥市建立了回应关切专题，同时进行了细分，形成了"舆情回应"、"访谈回应"、"主题回应"和"主动回应"多个版块。

图12　合肥市回应关切专题

资料来源：http://www.hefei.gov.cn/hd/hygq/。

除了在政府网站的"互动交流"版块进行舆情回应,还有些城市在"政务公开"版块对上一年度的重点舆情回应进行整理,如长沙市的"舆情回应"政务公开专栏,对上一年度的舆情事件进行分类公开梳理,如图13所示。

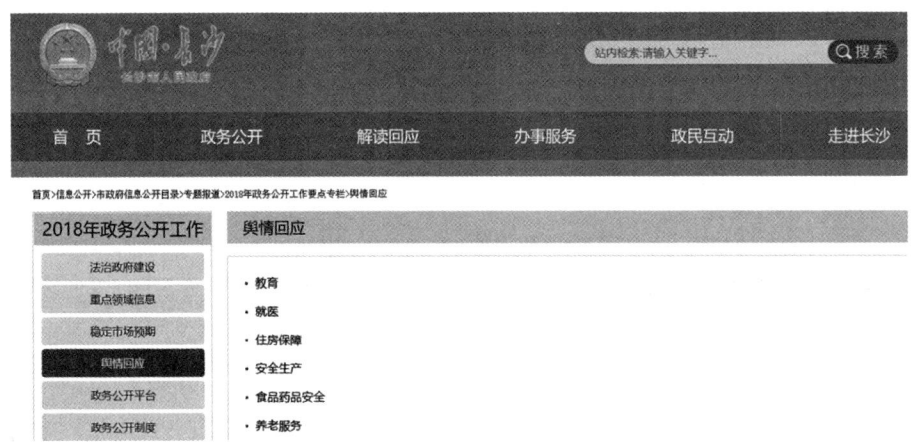

图13 长沙市"舆情回应"政务公开专栏

资料来源:http://www.changsha.gov.cn/xxgk/szfxxgkml/ztbd/gzyd2018/yqhy_43340/。

四 热点政策解读能力

信息公开是政府网站的重要功能之一,除了发布各类官方信息之外,对热点信息进行灵活解读是增强信息传播效果、加强公众对信息认识的重要途径,基于网站的政策解读工作也引起了各级政府的重视。在中办国办发布《关于全面推进政务公开工作的意见》之后,有些地方政府也明确了政策解读的要求。例如,《安徽省人民政府办公厅关于进一步做好政府信息公开工作增强公开实效的通知》中要求,"出台省政府规章或以省政府、省政府办公厅名义出台重要政策文件,解读材料需于文件公开的3个工作日内提交省政府网站发布;要积极运用图片、图表、图解、视频等方式,让政府网站变得更有吸引力和亲和力";《湖北省人民政府办公厅关于进一步做好重要政策解读回应社会关切的通知》明确提出了建立长效的政策解读机制；惠州市人民政府办公室发布《关于进一步加强政务公开工作的通知》，明确政策性文件和政策的解读方案要同时发布，以解疑释惑，凝聚人心。通过互联网平台对热点政策进行解读也是提高政府主动响应能力的重要方式。

（一）政策解读专栏

本报告首先评价了政策解读的基本情况，全国333个地级行政区中，有227个建立了政策解读专栏，比例达到68.2%，主要在信息发布或政务公开栏目下建立。如图14所示，宝鸡市人民政府官网对地级行政区或上级省级政府发布的政策进行解读问答。

图14　宝鸡市人民政府网站"政策解读"专栏建设

资料来源：http：//www.baoji.gov.cn/getGovCityPublic.do? colid=8127。

（二）政策解读分类

除了建立"政策解读"专栏外，对不同的政策进行分类是提高政策解读可读性和阅读便捷性的重要方式。相比政策解读专栏的建立，较少的城市对政策解读进行了分类，比例仅为44%。主要的分类方式有按照解读方式和政策区域进行分类，如图15所示，贵阳市按照解读方式对政策进行分类解读。但研究发现，目前的政策解读分类缺乏按照政策的领域进行分类，使公众很难根据自身需要方便地查找相关领域的政策解读。

图15　贵阳市人民政府·政务网站政策解读分类建设

资料来源：http：//www.guiyang.gov.cn/jdhy/zcjd/wzjd/index.html。

（三）多媒体形式解读

利用多媒体，如音频、视频、图像进行政策解读是进一步增强政策解读丰富性的重要手段。研究发现，开展多媒体政策解读的城市更少，仅为38.3%，并且主要是通过图片形式解读。

常见的图片解读即将枯燥的政策文本转换成为图片形式进行重点问

题解析,如图 16 所示。视频解读是一种灵活的解读方式,通过音频和图像的实例解析进行政策的详细解读,如图 17 所示的济南市人民政府网站关于社保政策的视频解读。除此之外,有些城市利用更加灵活的方式进行政策解读,如问答形式的解读能解答政策相关的关键问题,并以公众易于接受的方式展示,如图 18 所示的深圳市政府关于个人医疗保险政策的问答解读。

还有些城市通过实际案例进行解读,也能收到很好的解读效果,如图 19 所示阳江市政府网对《阳江市进一步扩大对外开放积极利用外资若干政策措施》的解读中以具体企业的经营数据为例。

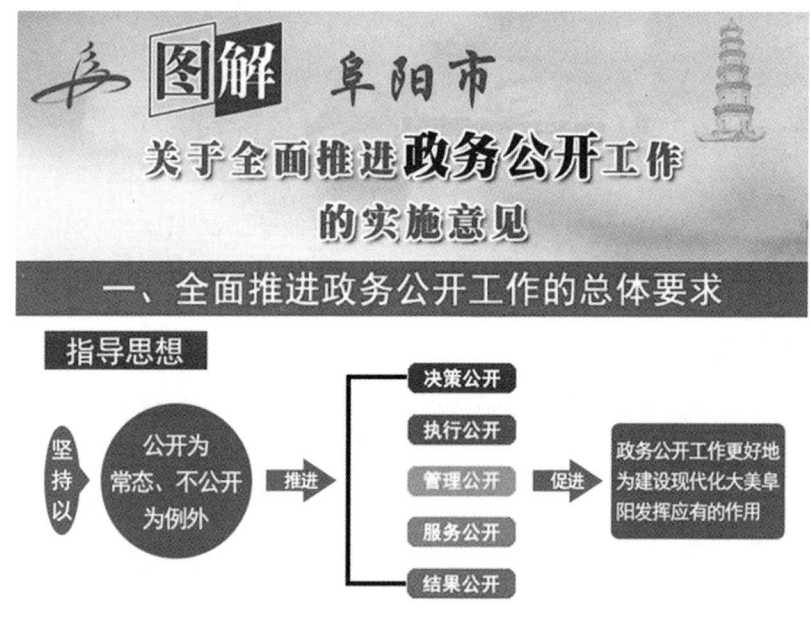

图 16 政策解读的图片解读形式

资料来源:http://www.fy.gov.cn/openness/detail/content/5b66b5607f8b9af571c42611.html。

政府互联网服务能力蓝皮书

图17　济南市人民政府网站关于社保政策的视频解读

资料来源：http：//www.jinan.gov.cn/art/2018/12/4/art_4444_2728148.html。

图18　深圳市政府关于个人医疗保险政策的问答解读

资料来源：http：//hrss.sz.gov.cn/xxgk/zcfgjjd/yfswzpmldzcjd/。

图19　阳江市的灵活政策解读

资料来源：http：//www.yangjiang.gov.cn/xxgk/gzwj/wjjd/201902/t20190218_213522.shtml。

五　小结

通过评估，本报告发现我国地方政府在主动响应能力方面存在以下特征及问题。

首先，主动响应能力的区域差异明显。尽管国家层面及地方层面出台了相关政策，对政府的主动响应能力提出要求，但是目前的落实情况还有待提高，并且区域间差异明显。有些省份的城市平均得分率已经超过了80%，而有些区域的平均得分率不足60%，同时存在省内不同城市之间的得分差异，例如有些省份城市得分的标准差超过了20%。

其次，热点事件的服务响应能力不足。从本次研究选择的热点事件样本来看，接近一半城市的回应比例不足50%，并且对某些民生热点事件的感知率较低，如"民营经济""营改增""双创升级版"等国民经济发展相关的重要问题，响应比例小于40%。并且，通过对热点事件（"宫颈癌疫苗接种"）的服务贯通能力的评估发现，大多数城市目前主要以新闻报道形式进行相关信息的披露，缺少对该公共服务的详细解读，让公众很难便捷获取相关服务信息。

最后，政策解读比较粗放，缺乏分类。尽管大多数地方政府在其网站上建立了政策解读专栏，但是在对不同类型的政策解读进行区分方面还存在较大欠缺，只是少部分城市（44%）按照解读的形式（文字、图片、视频）进行了划分，并没有按照政策涵盖的领域进行分类，而政策领域分类是提高公众接受与检索政策信息便捷性的重要途径。

参考文献

陈涛、曾星：《公民信任对于电子政务系统成功的影响》，《电子政务》2016年第11期。

李金兆、董亮、王沙：《以提升政府回应能力为核心 构建新型政民关系》，《成都行政学院学报》2017年第1期。

李金兆、董亮、徐忠波：《政府门户网站与公共危机管理》，《人大建设》2010年第5期。

马亮：《电子政务使用如何影响公民信任：政府透明与回应的中介效应》，《公共行政评论》2016年第6期。

李金兆、梁进、董亮：《政府门户网站建设与政民关系重塑》，《中国信息界》2011

年第3期。

孟天广、李锋:《网络空间的政治互动、公民诉求与政府回应性——基于全国性网络问政平台的大数据分析》,《清华大学学报》(哲学社会科学版)2015年第3期。

司文峰、胡广伟:《电子政务服务价值共创实现内容、过程及资源要素分析》,《情报杂志》2018年第1期。

Olpher C. W., Damodaran L., "Dialogue with Citizens-the Missing Link in Delivering e-Government", *Systemics, Cybernetics and Informatics* 2005: 32–36.

Gauld R., Gray A., McComb S., "How Responsive is eGovernment? Evidence From Australia and New Zealand", *Government Information Quarterly* 26 (2009): 69–74.

B.8
智慧应用专题分析报告

郭雨晖　王新莹　唐　扬*

摘　要： 重视公众需求，运用人工智能等技术推动智能政务服务发展，已经成为近年来对政务服务的新要求和新挑战。然而，当前技术发展尚处初期，政务服务的智慧应用推广较少、程度较浅。本报告讨论了333个地级行政区政府网站的智慧应用现状，发现整体上各地都较上年有所进步。具体而言，开通检索功能和智能问答功能的城市数目均有所上升，但个性化指标的得分仍普遍较低。本报告认为，未来应重视省级统筹与集约化建设、深化技术以提高"查"与"答"的智能性、回应公众需求并加强个性化建设。

关键词： 智慧应用　智能问答　人工智能

《"互联网+政务服务"技术体系建设指南》提出，政务服务信息的汇聚、发布与展示要以公众需求导向为中心，并在用户访问、信息资讯、信息检索、服务引导、咨询问答、监督评价、个性化推送7个方面，不断提升政务服务的便捷化、个性化、智慧化和安全化水平。特别是在"互联网+"的背景下，各城市的政务服务建设方案中，普遍提及应用大数据、人工智

---

* 郭雨晖，电子科技大学经济与管理学院博士研究生，研究方向为电子政务与智慧城市；王新莹，成都市经济发展研究院政府网站研究所研究咨询，研究方向为政府治理、电子政务与政府网站；唐扬，成都市经济发展研究院政府网站研究所研究咨询，研究方向为政府治理、电子政务与政府网站。

能、云计算、物联网等先进科学技术，推动传统的电子政务向智慧的政务服务转变，实现政务服务的精准和高效。同样，在国务院出台的《新一代人工智能发展规划》中也提出推进社会治理智能化，运用人工智能技术推动智能政务发展，加强政务信息资源整合和公共需求精准预测，畅通政府与公众的交互渠道。例如在智能搜索阶段，公众可以通过模糊检索、目录检索、全文检索等功能，找到所需要的信息和服务事项；在咨询问答阶段，政府能通过人工客服与智能客服相结合的方式，做到"有疑就问""有问必答""答必释惑"。

目前，无论人工智能技术本身的发展，还是政务服务中智慧应用的提供，仍然处于建设初期，智慧化程度较低，智慧应用项目较少。尽管如此，本报告在对333个地级行政区进行智慧服务能力评估时，已对当前政府网站所提供的智慧应用，如智能搜索、智能问答、个性化服务、智慧推送等，进行了水平衡量。因此，本报告将着重介绍当前我国政务服务智慧应用情况，并分析其特点与未来发展趋势。

一 智慧应用整体情况

从智慧应用的评价指标来看，本次报告的相关评价指标体系更细，对智慧应用的考察程度更深，因而对地方政府网站在实现智慧应用上的要求更高。总体来说，2018年报告指标体系的智慧应用指标共12分，相同内容在本次报告中只占8.1分，新增指标得分达3.9分，难度上涨比例达32.5%。虽然2019年报告评估精度、难度上升，但地方政府在得分上有大幅提高，平均分由上年的4.28分上升至5.15分，可见各地方政府门户网站在智慧应用上都有一定程度的发展与突破。具体来看，有144个地级行政区分数提高超过1分，其中60个地级行政区实现零的突破，但同样有130个地级行政区出现小幅度下降，其主要原因在于评价指标难度上升，以及在进行省级统筹时关闭了部分原有的智慧应用功能，因此适当下降是合理的。

二 智慧应用具体建设情况

（一）智能搜索

根据《国务院办公厅关于印发政府网站发展指引的通知》，信息检索应是政府门户网站的标准配置之一，在"互联网+政务服务"的政策驱动下，之前难以达到信息准确检索、影响用户体验的站内搜索引擎逐渐遭到淘汰，取而代之的是更为智能与智慧的站内搜索应用。通过对全国333个地级行政区进行全覆盖的盘查发现，截至2018年末，目前已开通站内搜索功能的政府门户网站达275个，占总数的82.6%，虽然仍有部分地级行政区政府门户网站未开通站内搜索功能，但相较于2018年报告的评估结果，已有明显进步——有35个城市在新的一年中开通了此项功能。

在已开通站内搜索功能的政府门户网站中，搜索功能主要呈现两种发展阶段——全文检索和智能搜索。而真正以人工智能技术为动力推动站内搜索功能的智慧化、切实以公众为中心的服务型政府门户网站建设仍然在不断探索当中。

表1 搜索功能的发展阶段

发展阶段	特点	代表城市
全文检索	通过关键词匹配，按照匹配程度，直接列出标题中涵盖关键词的政府信息，对检索结果不能进行二次筛选	昆明市、青岛市、厦门市、西宁市、郑州市
智能搜索	在传统全文检索的基础上，实现智能化功能，如按照信息类型分类（政策文件、政策解读、新闻等）、发布时间排序，以及根据搜索量和搜索频次进行关键词推荐等	成都市、广州市、贵阳市、杭州市、拉萨市、兰州市、南昌市、南宁市、宁波市、深圳市、沈阳市、石家庄市、武汉市、银川市（呼和浩特市、济南市、南京市、长沙市、哈尔滨市、合肥市、长春市、太原市）
智慧搜索	充分运用人工智能技术，提前预测公众在当期环境下可能会查询的内容，或根据公众提供的部分关键词，进行问题补全，已达到精准检索	暂无

注："代表城市"栏按照城市首字母进行排序，括号内为仅实现部分智能搜索功能的城市。

通过以上分类可以发现，目前共有240个地级行政区基本实现智能搜索功能，占已开通站内搜索功能政府门户网站的87.3%，基本上所有提供站内搜索功能的政府门户网站，均会提供一定程度的智能搜索功能，如信息分类检索、正文或标题的一个或多个关键词检索、时间范围检索、相关度或时间排序、提供热搜词或热搜问题等，如广州市政府门户网站智能搜索系统所示（见图1）。

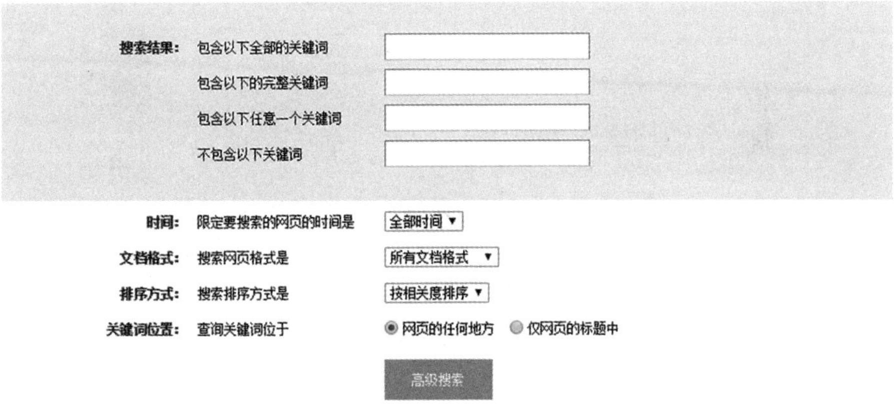

图1 广州市政府门户网站智能搜索系统

资料来源：http://so.gz.gov.cn/s?database=all&siteCode=gzgov&sort=dateDesc&qt=。

目前，已有部分城市在积极探索智能搜索的下一发展阶段——智慧搜索，即在已有智能搜索功能的基础上，充分运用大数据、人工智能等技术，为公众带来更便捷、更精准、更智慧的信息查询服务。以杭州市为例，除了基本的查询范围、排序方式、时间范围、高级检索以外，杭州市政府网站的站内搜索系统能够根据输入的简单关键词，补全公众可能查询的内容，以引导公众快速查找到自己所需要的信息，同时为满足部分中文输入受限的群体，在检索栏中提供了语音检索服务，通过点击"搜索"左侧的话筒，即可实现语音检索，从而进一步提升了搜索智慧化水平。经过本报告测试，目前语音搜索功能可能因使用浏览器的不同或未安装相关插件等，而无法直接使用，但即便如此，也不可不谓一次不小的突破。

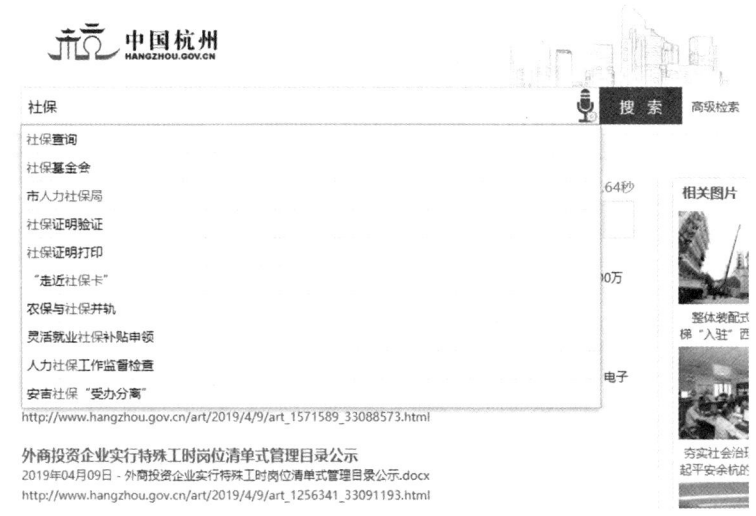

图 2　杭州市政府网站智能搜索应用

资料来源：http：//www.hangzhou.gov.cn/jrobot/search.do? webid = 149&pg = &p = &tpl = &category = &q = &x = 10&y = 10。

（二）智能问答

国务院发布的《"互联网＋政务服务"技术体系建设指南》明确指出，智能问答从需求侧出发为"我"提供人工客服与智能客服相结合的咨询服务，保证"我"在事前、事中、事后均可"有疑就问"，相关政务服务实施机构"有问必答""答必释惑"。在政策推动下，目前各地政府网站普遍开设智能问答系统，本报告评估显示，全国333个地级行政区中有149个已开通智能问答功能，较2018年增长50%。

在开设形式上，各地也根据自身条件有所差异，因而呈现截然不同的"智能问答"特点与发展趋势。具体来说，目前已开通的智能问答系统呈现三种形式，如表2所示。

表 2　省会城市和副省级城市智能问答开通情况

类型	城市
省级统筹	海口市、杭州市、兰州市、宁波市、青岛市、石家庄市、太原市、武汉市
市级自建	长春市、广州市、贵阳市、哈尔滨市、呼和浩特市、南昌市、南宁市、深圳市

续表

类型	城市
省市并存	成都市、合肥市、济南市
暂未开通	长沙市、大连市、昆明市、拉萨市、南京市、厦门市、沈阳市、乌鲁木齐市、福州市、西安市、西宁市、银川市、郑州市

注："城市"一栏中，均按照城市首字母进行排序。

第一类为省级统筹。依托省级政务服务中心，在其政务服务频道中开设智能问答功能，此类智能问答功能往往与政务服务更为贴切，回答事项多数为政务办理与政策解读，与智能检索有一定的区分度，例如浙江省、湖北省、山东省、河北省、山西省、安徽省、海南省等。对于省级统筹建设的智能问答系统，往往会先让公众选择所在地市、区县与街道，如浙江省、山东省等，然后有针对性地回答相应问题，但经测试，在大部分问答系统中，对于归属地的选择并不对问答结果产生直接影响。

图 3 海南省政务服务问答系统

资料来源：http：//36.101.208.222/robot/chat2_hainangov.html？sysNum=1476067342641247。

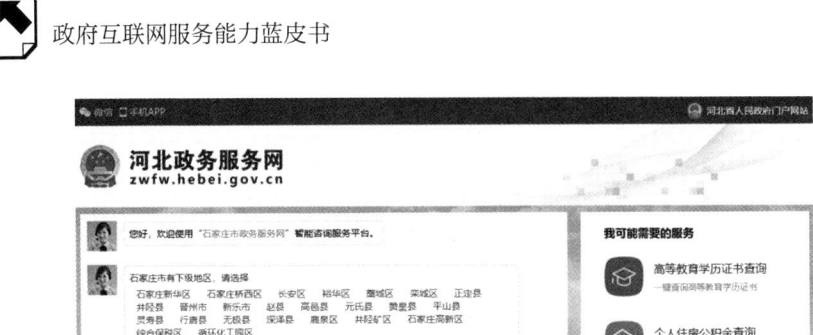

图 4　河北省政务服务问答系统

资料来源：http：//www.hbzwfw.gov.cn/jrobot/robot/index.do? webid =1。

第二类为市级自建。依托市级政府网站进行建设，通过政府网站首页或政务服务频道页的侧边栏可进入，部分地方政府根据城市形象设置卡通机器人，充分发挥地方特色与创新性；另有部分政府网站通过"智能问答""在线咨询""智能助手"等机器人形象进入。

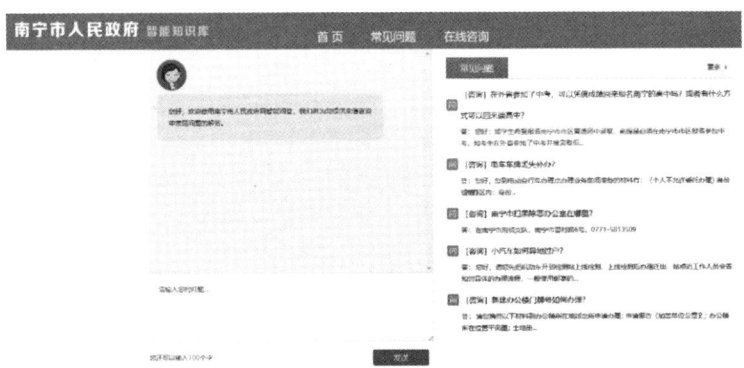

图 5　南宁市智能问答系统

资料来源：http：//www.nanning.gov.cn/zmhd/znwd/。

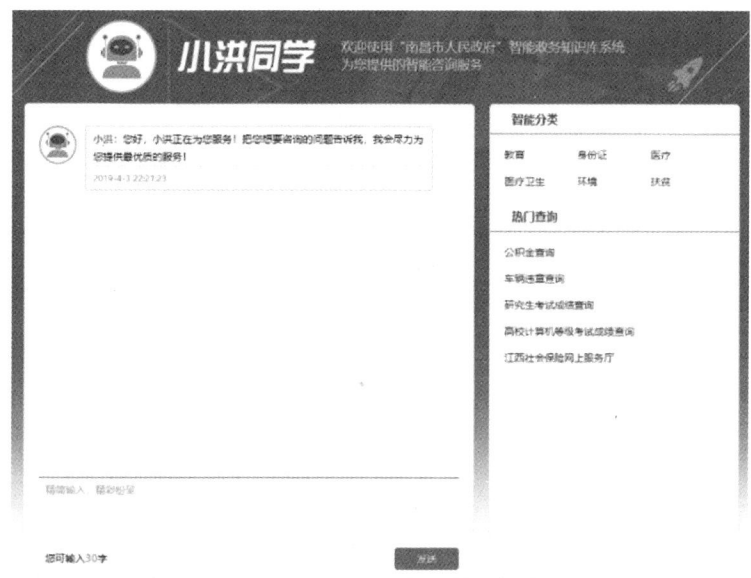

图6 南昌市智能问答系统——小洪同学

资料来源：http：//www.nc.gov.cn/zgncfront/znwd/index.html。

第三类为省市并存，即省级和市级都拥有智能问答系统。这一类型目前在地级行政区中属于少数现象，其中一大原因是政务服务的省级统筹工作正在进行，而市级智能问答系统仍未下线。例如在济南市政府网站的侧边栏中可以发现智能问答机器人，而在山东省政务服务中心同样存在类似的智能问答系统。

除了关注地方政府网站是否开设智能问答功能以外，为充分体现智能问答系统的智能化程度，本报告在上年的基础上，加深了对智能问答的效度评估——智能问答系统能否准确地回答公众所提出的问题。为了准确评估，考虑公民在咨询某项服务事项时，可能使用习惯性用语来指代政务服务系统中的规范用语，因此，本报告预设两组问题对其进行检验（见表3）。例如"计划生育服务证"属于规范用语，而"准生证"则是习惯用语，部分公众可能对"准生证"更为熟悉和习惯，当公众用两种方式进行提问时，智能问答系统得到的应是同样的回答，才视其达到了准确与智能的标准。

图7　济南市政府网站智能问答系统

资料来源：http://www.jinan.gov.cn/。

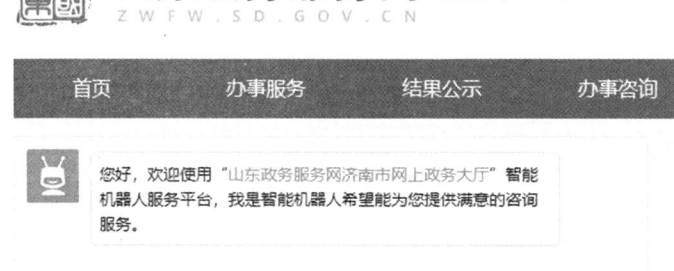

图8　山东省政务服务中心智能问答系统

资料来源：http://jnszzwfw.sd.gov.cn/jrobot/robot/index.do?webid=45。

表 3　智能问答系统智能化程度检验预设问题

第一组预设问题	请问人才入户怎么办？ 请问人才落户怎么办？
第二组预设问题	请问准生证如何办理？ 请问计划生育服务证如何办理？

报告评估结果显示，能准确回答上述两组问题的仅有 16 个城市，占已设立智能问答系统城市的 10.7%，能较为准确回答的有 47 个城市，占已设立智能问答系统城市的 31.5%。以合肥市“12345”自主服务智能问答系统为例，当回答第一组预设问题时，其能够根据差异化的用语——“落户”与“入户”，准确识别出问题背后的本质——同样的公众需求，因而推送出同样的、准确的答复。而功能实现相对较差的智能问答系统，不仅难以识别不同的提问方式与生活用语，甚至连规范提问也无法推送出相关回答。这一现象普遍出现于早期各地级行政区自建的问答系统中，在近年省级统筹新建的政务服务平台的智能问答系统中也有出现，应引起相关政府部门的重视。

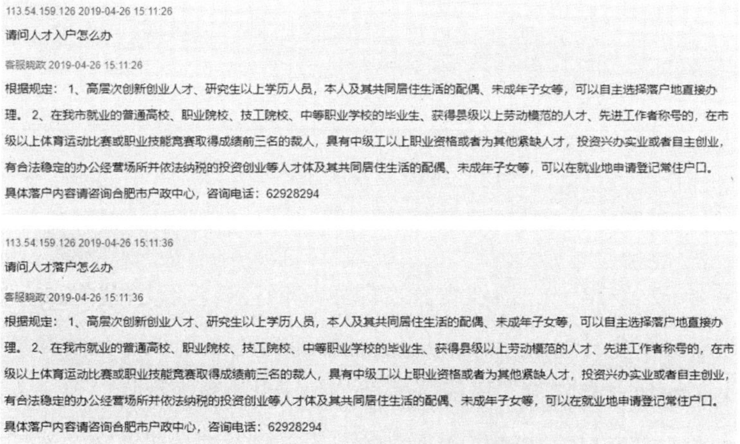
113.54.159.126 2019-04-26 15:11:26

请问人才入户怎么办

客服晓政 2019-04-26 15:11:26

根据规定：1、高层次创新创业人才、研究生以上学历人员，本人及其共同居住生活的配偶、未成年子女等，可以自主选择落户地直接办理。2、在我市就业的普通高校、职业院校、技工院校、中等职业学校的毕业生、获得县级以上劳动模范的人才、先进工作者称号的，在市级以上体育运动比赛或职业技能竞赛取得成绩前三名的裁人，具有中级工以上职业资格或者为其他紧缺人才，投资兴办实业或者自主创业，有合法稳定的办公经营场所并依法纳税的投资创业等人才体及其共同居住生活的配偶、未成年子女等，可以在就业地申请登记常住户口。

具体落户内容请咨询合肥市户政中心，咨询电话：62928294

113.54.159.126 2019-04-26 15:11:36

请问人才落户怎么办

客服晓政 2019-04-26 15:11:36

根据规定：1、高层次创新创业人才、研究生以上学历人员，本人及其共同居住生活的配偶、未成年子女等，可以自主选择落户地直接办理。2、在我市就业的普通高校、职业院校、技工院校、中等职业学校的毕业生、获得县级以上劳动模范的人才、先进工作者称号的，在市级以上体育运动比赛或职业技能竞赛取得成绩前三名的裁人，具有中级工以上职业资格或者为其他紧缺人才，投资兴办实业或者自主创业，有合法稳定的办公经营场所并依法纳税的投资创业等人才体及其共同居住生活的配偶、未成年子女等，可以在就业地申请登记常住户口。

具体落户内容请咨询合肥市户政中心，咨询电话：62928294

图 9　合肥市“12345”自主服务智能问答系统准确度

资料来源：http：//hf. ahzwfw. gov. cn/scs/。

在智能问答部分，本报告重点介绍浙江省政务服务智能问答的推进过程。2018 年 10 月，浙江省信访局同阿里巴巴集团签署浙江省统一政务咨询投诉举报平台智能应用项目,将阿里巴巴在服务网购消费者与商家时所沉淀的智能服务技术运用于政务服务领域,尤其是淘宝、支付宝所拥有的先进的人工智能问答技术,在结合政务服务知识库与公众的政务服务需求后,能够更好地为省内公众提供更加精准和便捷的服务咨询。浙江省统一政务咨询投诉举报平台均已完成人工智能功能升级,而智能客服系统和智能分派系统的精准度在实践中不断提高。人工智能可以智能学习全省大数据中心的数据,形成全省通用的政务知识库和市县个性知识库,在应对问题时不断优化并提升服务精准度。同时,这种优化和提升也将有益于一线办事人员:通过平台上的数据分析功能,分析群众咨询投诉举报的事项数量、形式、趋势、热点等内容,生成数据分析报告,使政务服务工作者对当前公众咨询热点、诉求热点能够一目了然,也可一定程度上提高群众的满意度评价。

图 10　浙江省智能问答系统

资料来源:http://www.zjzwfw.gov.cn/jfaq/xiaomi/index.do?webid=1。

2018年12月28日,浙江省政府印发《浙江省深化"最多跑一次"改革推进政府数字化转型工作总体方案》,指明为统一政务咨询投诉举报平台引入人工智能技术是其中一项重要任务,旨在提升政务咨询回复的准确性和智能化水平,实现相关办件和事项的全链条流转,推动实现政务咨询投诉举报"最多跑一次"。

为了加大浙江全省各市县对智能问答系统的重视,将人工回答与机器回答充分结合,让各单位对新系统有统一的认识,2019年1月21日浙江省开办了全国首个政务人工智能训练师培训班,来自全省42个省直单位和省、市、县（市、区）信访局的工作人员对政务服务智能化的相关知识和技术进行学习。据介绍，培训班由阿里CCO智能服务事业部的骨干技术人员现场授课，而学员们的培训内容不仅包括智能问答和智能分派算法原理、语音交互流程设计等AI技术基础知识，还有专为此次培训设计的智能政务解决方案、政务知识运营管理等定制课程。

（三）个性化政务服务

当前学界研究显示，迄今为止关于政务服务的"个性化"还没有形成一致的认识，个性化电子政务信息服务的基本理论体系尚未构建完成，整体建设框架与形式在各个地级行政区政府门户网站中也存在较大差异。在本报告中，个性化政务服务是基于用户身份的人群画像与访问行为数据，主动推送相关联的政务服务，满足用户的潜在需求，并采用人工智能技术提高推送结果的准确性。具体来说，在2019年报告的指标体系中，主要体现为在线注册、快捷登录、收藏分享、办事记录、个人服务界面、网站定制、智能推送等方面，多维度、多方面地衡量了各个地级行政区的个性化政务服务。

对于政务服务的个性化来说，我们将其分为四个主要方面：注册、登录、管理与推送。在注册方面，本报告主要评估政府门户网站能否给予公众在线注册的模块，调查数据显示，共有54个政府门户网站实现了在线注册功能，相较于上年增长幅度达到50%，但仅占全国的16.2%。目前绝大部分网站并不能实现在线注册功能，即政府与公众的关系在门户网站中仅仅实现从政府到公众的单向模式，政府难以知晓其互联网用户特征与需求，公众也难以与政府实现网上交流。

在个性化登录方面，本报告主要评估政府门户网站能否利用语音识别、图像识识别、指纹识别等新技术对用户身份进行在线鉴别，以提供更为快捷和方便的注册或登录功能。同时，由于现阶段政府门户网站的省级统筹建设和政务App的推广，基于身份证号、手机号、QQ、微信的一号关联登录也是本报告评估的重点。评估数据显示，目前有193个政府门户网站已部分实现上述功能。以湖南省张家界市政府门户网站为例，可以通过用户名、手机号、身份证号、QQ、微信等多渠道登录，且登录信息、认证信息、政务服务办理记录均在省级平台上横向沟通，即"一个号码"可实现湖南省内任意城市政府网站的登录。

图11　张家界政府门户网站登录界面

资料来源：http://www.zjj.gov.cn/。

个性化管理与推送，是个人登录政府门户网站的个人服务界面后可进行的操作，包括收藏和分享政务信息或新闻、办事信息流程查询、个性化网站定制与智能推送等功能。就2018年的实际情况来看，收藏和分享政务信息或新闻仍然是大多数网站可实现的基本功能，实现率达49.4%；而办事信息流程查询得益于省级政务服务的统筹建设，实现率也已达到37.5%。比较而言，个性化网站定制功能实现率相对较低，仅为8.6%。而对于个性化智能推送功能，目前省级或市级平台均未能达到政策文件要求——"通过大数据挖掘分析用户行为习惯，智能推送用户关注度高、与用户相关的信息，提供主动服务"。已有推送多局限于早期市级网站中的单向信息推送或最近新闻推送，而通过用户个人历史痕迹做出个性化一次性推送和长期推送，在目前333个地级行政区政府网站中仍还未发现值得推崇的典型案例。

三 小结

（一）以省级统筹为指导，加强智慧应用的集约化建设

在政务服务寻求省级统筹的背景下，智慧应用建设也需要通过省级统筹的方式，来促进各个地级行政区智慧政务应用的普及化，以弥补由财政、经济、人口等地区差异所导致的不协调问题。对于智慧应用而言，其设计理念超前、技术含量较高，地方政府连基本的政府门户网站建设都推动困难，更难有精力进行政务服务的智慧化建设。因此，从对全国333个地级行政区的智慧应用综合评估来看，省级统筹或许是一条值得推行的路径，既可以弥补部分地区的技术短板与资金缺口，又可以化零为整地进行全省统一建设，极大地节约建设成本与资源。而在各省内部，可根据自身特点，如方言、民族、文化等差异，创新性地建设本省的智慧应用。

（二）以人工智能技术推动智能搜索功能与智能问答系统的智慧化发展

在人工智能技术快速发展形势下，如何将其恰当运用于政府互联网服务能力建设中，仍需要各地不断的实践与探索。就政府网站的搜索功能而言，促使公众在纷繁复杂的政府门户网站中快速、精准地找到其所需要的信息，离不开人工智能技术的运用。例如，通过部分关键词联想出整个问题，通过搜索频次推算出当前的热门信息，通过语音识别技术满足残障人、老年人对政府网站的查询诉求等。

智能问答系统本质可视为智能搜索功能的升级版，是将搜索的"单一问答"形式转化为"连续对话"形式，核心目标仍在于精准，技术支持仍离不开人工智能。相较于智能搜索，智能问答的实现难度相对较高。正如上

述分析,智能搜索倾向于关键词检索,而对于智能问答系统,公众可能输入的是一个句子或一段话,如何准确识别语句中的关键信息,并推送准确答复,是智能问答的主要难点。由于问答系统的技术要求较高,早期传统式问答系统已难以满足公众需求。政府在面临技术瓶颈的时候,可将突破口瞄准目前问答机器人做得相对较好的企业,如流量较大的电商平台,通过政企合作的形式,共同推动人工智能技术在政务服务领域中的充分应用。

(三)以公众真实需求为导向的个性化政务服务定制

政务服务的个性化定制目前在智慧应用中相对欠缺,特别是在个人门户中所体现的个性化功能和智能化功能仍不健全。从资源集约的角度出发,目前较为推崇的仍然是通过省级统筹方案,对全省公民的个人门户进行统一建设,形成统一账号登录、设计版面类似、横向功能全面等标准化模式。而部分省份虽依托省级平台进行全省共建,但在共建的同时仍未取消原有的实际平台,从而形成省市两级双平台、双账号登录、功能有差异等现象,给公众的实际使用造成了许多不必要的困扰。因此,在个性化服务建设初期,政府网站的个人门户设置不必过于追求"版面个性化"(如设置不同的颜色、模块等),而应从公众真实需求出发,追求"功能个性化",最简单的实现便是,赋予用户将自己最常使用的功能优先显示的权利,例如公积金查询、社保查询、交通违规查询等。在个性化与智能化的下一阶段中,则需要根据用户的查询数据、历史痕迹等信息,利用大数据、人工智能等技术,预测出公众希望了解的资讯和政务服务。例如对于25~35岁的女性,则优先推送生育政策相关信息;而对于刚生育的夫妇,则可推送生育服务证办理、疫苗注射、附近幼儿园等信息;对于年刚满60岁的男性,则优先推送退休信息、公积金领取信息等信息。

参考文献

陈涛等:《推进"互联网+政务服务"提升政府服务与社会治理能力》,《电子政务》2016 年第 8 期。

陈涛、冉龙亚、明承瀚：《政务服务的人工智能应用研究》，《电子政务》2018 年第 3 期。

汤志伟、郭雨晖、翟元甫：《社会—技术框架下的政务服务在线办理能力探究——基于 334 个地级行政区的数据分析》，《中国行政管理》2019 年第 1 期。

丁艺、王益民、刘密霞：《面向公众服务的中国城市电子政务发展分析》，《电子政务》2014 年第 1 期。

黄霞、朱晓峰、张琳：《个性化电子政务信息服务研究》，《电子政务》2012 年第 1 期。

刘超、马东宇：《智能问答的聊天机器人系统的设计与实现》，《信息技术》2017 年第 5 期。

温有奎、温浩、乔晓东：《让知识产生智慧——基于人工智能的文本挖掘与问答技术研究》，《情报学报》2019 年第 7 期。

区域篇

Regional Reports

B.9
广东省政府互联网服务能力
研究报告

崔茜 雷挺 谢爱玲*

摘 要： 随着大数据、云计算和人工智能技术的发展，地方政府治理进入了智慧时代。在地方政府互联网服务发展过程中，依托新兴信息技术手段，辅助科学决策、实施精细化治理和提供便捷公共服务，是提升地方政府互联网服务能力的重要体现。广东省是地方政府互联网服务改革的前沿之地，本案例利用地方政府互联网服务能力评价采集数据对广东省21座城市进行实证分析。研究发现，广东省地方政府互联网服务能力提升迅速，展现了"综合能力卓越，各项能力均衡发展，智慧

---

* 崔茜，电子科技大学公共管理学院副教授，研究方向为电子政务与智慧城市；雷挺，电子科技大学公共管理学院硕士研究生，研究方向为电子政务与智慧城市；谢爱玲，电子科技大学公共管理学院硕士研究生，研究方向为电子政务与智慧城市。

能力突出"的特点。探究广东省地方政府互联网服务能力发展路径,总结相关经验启示,能为提升我国地方政府互联网服务能力提供参考。

关键词: 互联网+政务　政府互联网服务能力　广东省互联网服务

一　案例背景

在本次地方政府互联网服务能力评估中,广东省政府互联网服务能力名列前茅。广东省作为改革开放的前沿之地,各地方政府互联网服务改革也走在创新前沿。本次评估采集了广东省 21 个市政府互联网服务能力数据并进行了实证分析,广东省展现了政府互联网服务"综合能力卓越,各项能力均衡发展,智慧能力突出"的特点。总结地方政府发展互联网服务能力的经验和启示,为提升地方政府互联网服务能力提供路径参考。

(一)广东省政府互联网服务能力发展历程

广东省政府互联网服务建设主要经历了四个发展阶段。20 世纪 90 年代,在国家"两网一站四库十二金"工程的推动下,广东省完成了政府信息化基础设施建设,初步实现了单个部门网络办公的"政府上网"。21 世纪初期广东省实现了由电子政府向电子治理的转变,各级政府部门之间实现了数据的纵向贯通和业务的网上流转,各地建立起了便捷的"一站式"政务服务大厅。2010 年之后广东省进入了"互联网+政务"建设阶段,全面推动政务服务"一门式、一网式"改革,建立网上统一政务申办平台,与政务大厅无缝对接,实现了"统一窗口受理政务申请、政府各部门后台协调分类审批、再由统一窗口出件"的服务模式。根据广东省"数字政府"规划,2020 年之后广东省"互联网+政务"将会进入智慧政务阶段，借助人工智能、大数据、物联网和云计算的发展，政务实现跨部门、跨区域协同办理，以"公民需求"为政务服务导向，创新驱动生态融合，实现政务大数据优化共享，辅助政府智慧决策、科学决策。

（二）广东省地方政府互联网服务能力概况

2019年3月20日，广东省"数字政府"改革建设工作领导小组第二次会议在广东省省长马兴瑞的主持下召开，对在线政务平台建设做了工作部署，强调要以更加有力的举措推动广东省"互联网+政务"位居全国前列。广东省"数字政府"建设，期望能够实现全省政务信息化重塑，构建大数据驱动政务新机制，提升政府数字治理能力，实现社会多部门协同治理，建设令人民满意的服务型政府。

广东省政务服务网整合了广东省21个地级市政府门户网站，如图1和表1所示，实现了各地级市服务一站式直接办理、一站式访问各级政府相关职能部门。2018年，广东省政务服务网共接受414百万次访问，发布信息331条，开办专题专栏54项，办理了3671万项在线业务。广东省为了实现覆盖全省的整体联动、部门协同、省级统筹、一网办理的"互联网+政务服务"体系，由省编办牵头修订《行政审批事项编码规则》、《行政审批事项办事指南编写规范》和《行政审批事项业务手册编写规范》等地方标准，对各市、县（市、区）行政许可事项进行了统一规范；由省直有关部门，各地级以上市、县（市、区）政府牵头，各地、各部门依法定职能规范并优化公共服务事项清单目录；由省经济和信息化委、编办、信息中心牵头，省直有关部门配合推进政务服务事项网上办理；由省编办、信息中心牵头，省直机关工委配合加强网上办事效能在线监管。由省府办公厅、省经济和信息化委牵头，各地级以上市、县（市、区）政府配合全面推行公开政务服务信息。

图 1　广东省政务服务官网

资料来源：http：//www.gdzwfw.gov.cn/。

表 1　2019 年政府网站工作年度报表（广东政务服务网）

网站名称		广东政务服务网	
首页网址		www.gdzwfw.gov.cn	
主办单位		广东省人民政府办公厅	
网站类型		专项网站	
政府网站标识码		4400000084	
ICP 备案号	粤 ICP 备 05070829 号 -2	公安机关备案号	粤公网安备 44010402001768
独立用户访问总量(单位:个)		14300000	
网站总访问量（单位:次）		414000000	
信息发布(单位:条)	总数	331	
	概况类信息更新量	0	
	政务动态信息更新量	0	
	信息公开目录信息更新量	331	
专栏专题（单位:个）	维护数量	54	
	新开设数量	54	

资料来源：http：//www.gd.gov.cn/zwgk/zfgzbg/index.html。

政府互联网服务能力蓝皮书

二 案例分析

(一)广东省政府互联网服务能力总体分析

本次评估采集了广东省 21 个市政府互联网服务能力的相关数据,并依托三级指标对每个地级市的服务响应能力、服务供应能力和服务智慧能力进行了精细的评估,计算了 21 个市各项指标的得分以及总得分,通过比较分析每个市的各项得分以及排名,描述广东省地方政府互联网服务能力的基本现状。

1. 全国领先的综合能力

数据显示,广东省地方政府互联网服务能力平均得分远远高于全国平均水平,领先全国平均水平近 12 分(见图 2)。广东省 21 个城市政府互联网服务能力综合得分全部高于全国平均水平,展现了广东省政府互联网服务能力整体水平在全国范围内处于领先水平。但是广东省内排名第一的阳江市得分达到 84.80 分,与排名最后的清远市分值相差 19.83 分。由此可见,虽然广东省内地方政府互联网服务能力整体水平较高,但是各地方政府互联网服务能力差距也较为显著。

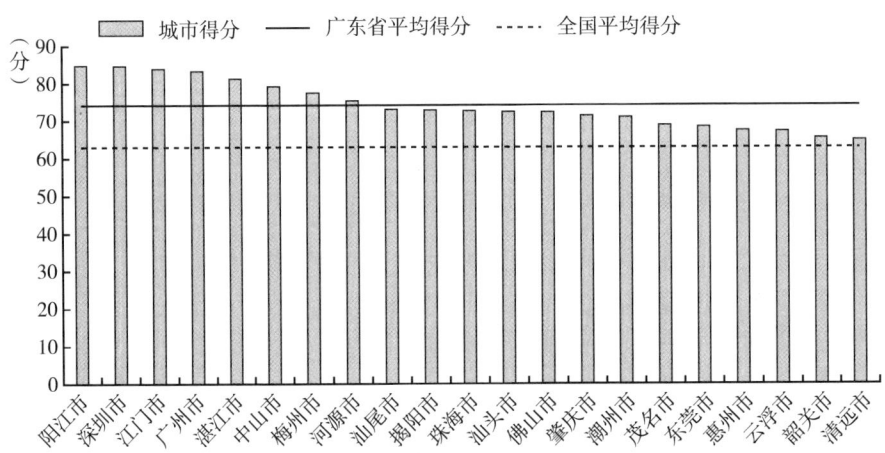

图 2 广东省政府互联网服务能力得分

在 2018 年,广东省陆续发布了《广东省人民政府办公厅转发国务院办公厅 2018 年政务公开工作要点的通知》《广东省人民政府办公厅关于印发广东省政府系统政策解读工作细则(试行)的通知》等政策文件,进一步对广东省政务信息公开和政务网站建设重点工作进行了布局,不断优化了全省统一政务服务平台,不断提高政务信息资源集约化程度,实现覆盖全省的整体联动、部门协同、省级统筹、一网办理的"互联网+政务服务"体系。

2. 整体发展迅速提升

根据 2019 年报告数据,广东省总分位居全国前十的地级市共有 4 个,位居全国前十的城市比例达到 19%,较上年位居前十的地级市相比增加了 1 个,位居前十的地级市比例提升了近 5 个百分点,其中阳江市更是位居地方政府互联网服务能力综合得分全国首位,凸显了广东省地方政府互联网服务能力整体水平在全国处于领先地位。广东省内地方政府互联网服务能力排名最低的是清远市,仅仅位列全国第 154 名,也展现了广东省内各地方政府互联网服务能力发展水平并不均衡,各地方政府互联网服务能力存在巨大差距。

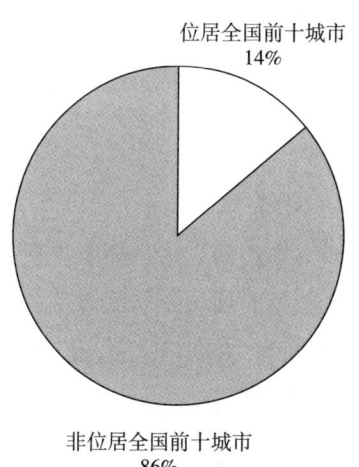 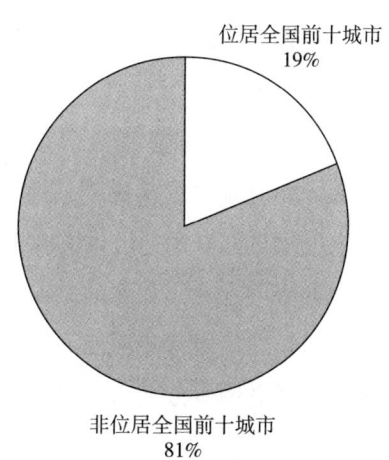

图 3　广东省中国地方政府互联网服务　　图 4　广东省中国地方政府互联网服务
　　　能力评价位居前十城市占比　　　　　　　　能力评价位居前十城市占比
　　　　　　(2018 年报告)　　　　　　　　　　　　　(2019 年报告)

广东省地方政府服务响应能力排名最高的城市是位居全国第三的阳江市，江门市也位居全国前十。在诉求受理能力的互动诉求受理能力和办事诉求受理能力评估中，东莞市、佛山市、阳江市和江门市均并列全国第一；在互动诉求反馈能力的诉求回复响应能力和诉求回复应用能力评估中，阳江市、湛江市、广州市和江门市均并列全国第一。广东省地方政府服务智慧能力排名最高的是位居全国第三的深圳市，并且汕头市、中山市和湛江市均进入了全国前十。在应用适配能力的功能适配度、智能交互能力的智能搜索能力和个性化服务能力的智能推送能力评估中，广东省均有多座城市并列全国第一。广东省21座城市在地方政府互联网服务能力单项指标上均有亮眼表现，展现了广东省强大的地方政府互联网服务能力。

（二）广东省政府互联网服务分项能力分析

1.广东省政府互联网服务分项能力分析

从表2可以看出，广东省各地方政府的服务供给能力、服务响应能力和服务智慧能力位于全国领先水平，政府整体综合服务能力高。其中，服务供给能力变异系数最小，为7%，表明各地级市政府在服务供给方面差异小，发展较为均衡。

如表2和图5所示，在广东省地方政府互联网服务能力的三个一级指标中，服务响应能力水平最高，均值30.93分，得分率为77%，表明广东省地方政府通过互联网对公民的政务需求及时回应能力更高。具体表现在诉求受理、办事诉求响应和互动诉求反馈等方面，能及时通过互联网满足公众的政务诉求。但是服务响应能力的变异系数也达到了15%，这表明广东省内地方政府互联网服务能力发展并不十分均衡。

表2 广东省政府互联网服务分项能力得分

一级指标	全国平均值(分)	广东省平均值(分)	标准差(分)	变异系数(%)
服务供给能力	25.31	28.21	2.05	7
服务响应能力	25.93	30.93	4.77	15
服务智慧能力	11.80	15.08	1.82	12

广东省政府互联网服务能力研究报告

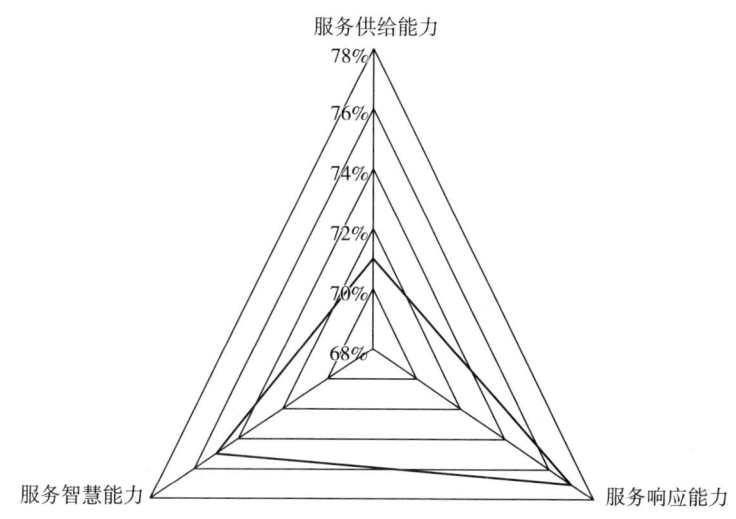

图 5　广东省政府互联网服务能力得分率

2. 广东省政府互联网服务供给能力分析

广东省地方政府互联网服务供给能力在全国仍然处于领先水平，由表 2 和图 6 可以看出，广东省地方政府互联服务供给能力平均得分比全国平均水平高约 11.5%，除了韶关市低于全国平均水平外，广东省内其他城市均高于全国平均水平，深圳市更是领先全国平均水平近 30%，但是这也说明了广东省各地方政府的服务供给能力发展不均衡，彼此之间差距明显。

深圳市在权重较大的应用整合能力、服务贯通能力和目录覆盖能力三项指标上都较为领先，由图 7 可以看出深圳市整体服务供给能力较强。此外，在应用整合能力上，中山市、肇庆市和汕头等市较为靠前；在服务贯通能力上，广州市、潮州市和中山市靠前；在目录覆盖能力上，则是广州市、中山市和阳江市靠前。可以看出服务供给能力强的城市在各项指标上得分都较高，而供给能力相对落后的城市主要差距体现在应用整合能力和目录覆盖能力上，表明部分地方政府还未完全按照有关规定，详细公开权力清单、责任

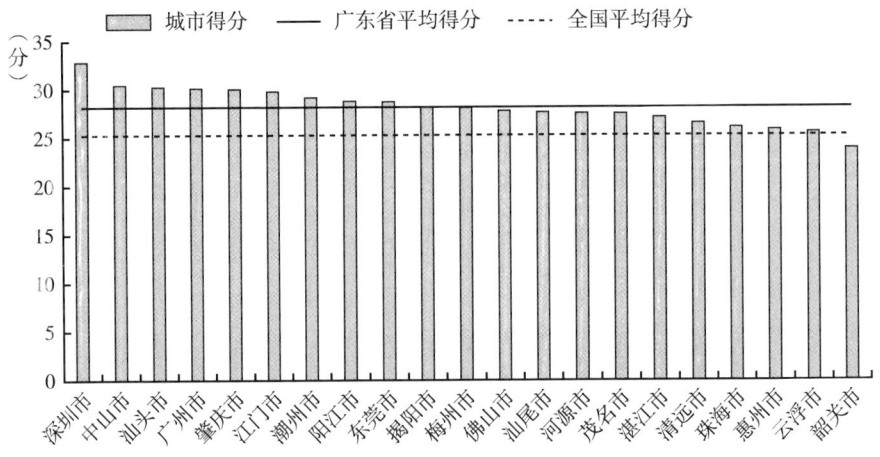

图6 广东省政府互联网服务供给能力得分

清单、政府信息公开目录、公共服务清单等目录,且地方政府平台间的整合能力与数据开放程度存在较大提升空间。

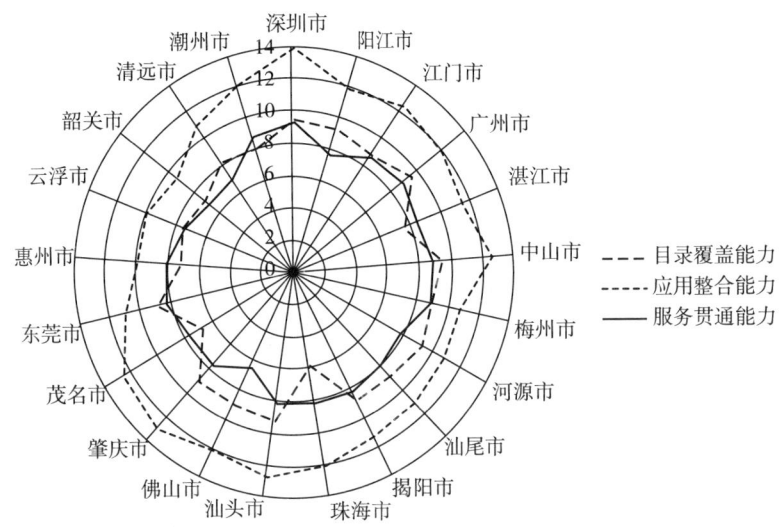

图7 广东省地方政府互联网服务供给能力二级指标得分

广东省政府在2018年陆续出台了《广东省人民政府办公厅关于加快推进公共资源配置领域政府信息公开工作的通知》《广东省人民政府办公厅关

于加快推进重大建设项目批准和实施领域政府信息公开工作的通知》《广东省人民政府办公厅关于加快推进社会公益事业建设领域政府信息公开工作的通知》等多项文件，对政府提供的政务服务清单进行了完善，加强了政务网上办理能力，为广东省地方政府互联网服务供给提供了有力支撑。

3. 广东省政府互联网服务响应能力分析

广东省地方政府互联网服务响应能力在全国范围内表现非常卓越。由图8可以看出，广东省地方政府互联网服务响应能力平均得分领先全国平均得分近19%，除了东莞市和清远市低于全国平均水平，其余19个城市均是高于或接近全国平均水平，其中阳江市此项指标更是接近满分，高居全国第三位。

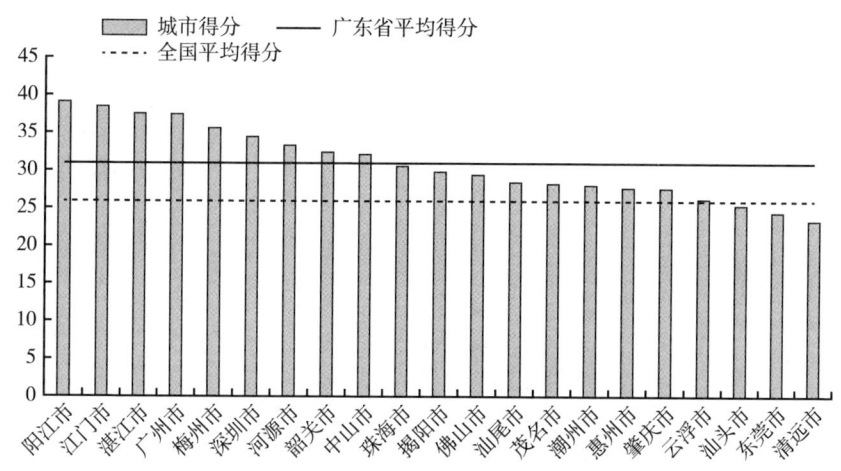

图8 广东省政府互联网服务响应能力得分

在服务响应能力上，广东省大部分城市位于省平均水平30.93分以上，仅8个城市在平均水平以下，这表明广东省各地方政府具有较高和创新领先的服务响应能力，能及时对公众提出的询问、反馈等做出响应。其中响应能力得分最高的为阳江市，最低为清远市，阳江市得分是清远市的1.7倍。因此广东省各地方政府的互联网服务响应能力处于较高水平，但也存在各地方差距过大的问题。从图9可以看出，在诉求受理能力指标得分上各城市间差距较小,仅清远、惠州、深圳等市在10分以内;在办事诉求响应能力指标得分和互动诉求反馈能力指标得分上,各城市在10分上下拉开差距。从图中可以看出一半城市在10分及以下,另一半在10分以上。因此广东省各地方政府互联网服务响应能力差异主要体现在办事诉求响应能力和互动诉求反馈能力上,表明一部分地方政府在通过互联网平台提供办事服务的便捷度和对公众的网络诉求响应上能力仍有待提升。

广东省在全省统一的政府服务官网设有专门的"政民互动"版块,开通了"直播互动"、"政民互动建议"、"我有话对省长说"和"信访大厅"子栏目,公众可以方便快捷地通过这些方式表达自己的诉求。针对普通政务服务,广东省不仅有广东政务服务网,还有广东省人民政府门户网站、广东政务服务公众号、广东政务服务App和粤省事小程序等平台,公民可以直接便利地在这些平台上反馈自己的政务服务诉求,并且可以在这些平台上查询所申办的业务进度。广东省政府针对每一项政务业务办理的回馈时间都有明确的规定,确保对公众诉求实现"诉求有渠道,事事有回应"。

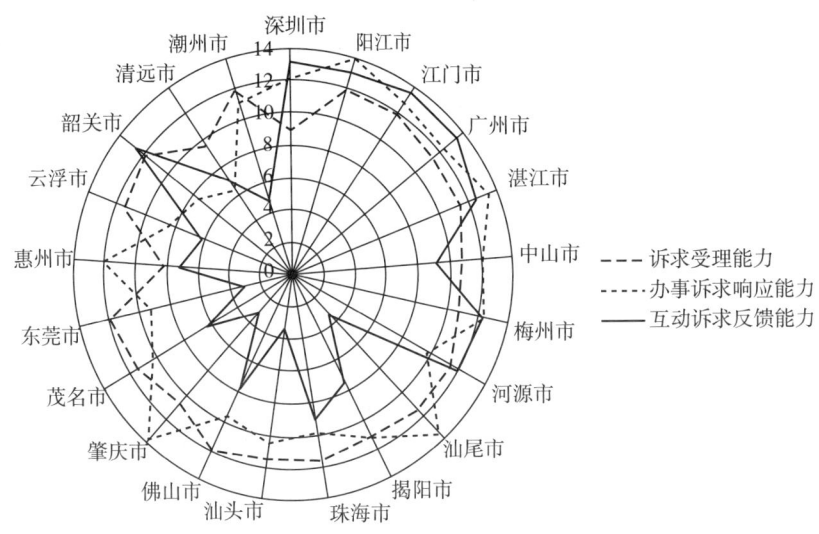

图9 广东省政府互联网服务响应能力二级指标得分

4. 广东省政府互联网服务智慧能力分析

由图10可以看出，广东省政府互联网服务智慧能力在全国表现十分优异，广东省政府互联网智慧能力平均分领先于全国平均水平27.8%。在各项一级指标评估中，广东省政府互联网智慧能力与全国平均水平相差最大，表现最为卓越。广东有20个市政府互联网智慧能力得分高于全国平均水平，韶关却在这一项能力上得分低于全国水平。这说明虽然广东省大部分市政府互联网服务能力水平较高，在全国处于领先地位，但是仍然有部分市政府服务智慧能力有待提高。

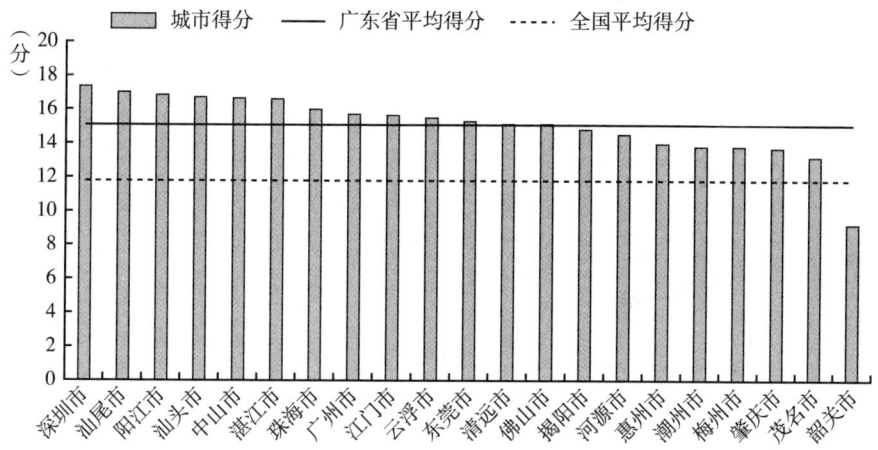

图10 广东省地方政府互联网服务智慧能力得分

广东省各地方政府在服务智慧能力上发展不平衡，差距较大。其中得分最高的深圳市是得分最低的韶关市的1.8倍。服务智慧能力体现了一个政府基于互联网、大数据、人工智能、云计算等信息技术为公众提供个性化、精准化服务的能力。这表明各城市之间在信息技术能力上的差异较大，发展不平衡不充分，而大部分政府仍处于稳步推进阶段。从图11可以看出，各城市在应用适配能力、智能交互能力和个性化服务能力三方面差异都比较大，主要差距在智能交互能力指标上，其中应用适配能力和智能交互能力得分存在一定的趋同性。这表明大多数地方政府的互联网服务应用适配能力稳步提升，但各政府网站首页、各个频道的智能搜索功能的实现程度和人工智能问答功能上仍然存在较大的提升空间。同时在个性服务上，即主动推送相关联的服务，满足用户的潜在需求，并采用人工智能技术提升推送结果准确性等方面各城市的服务水平还需提高。

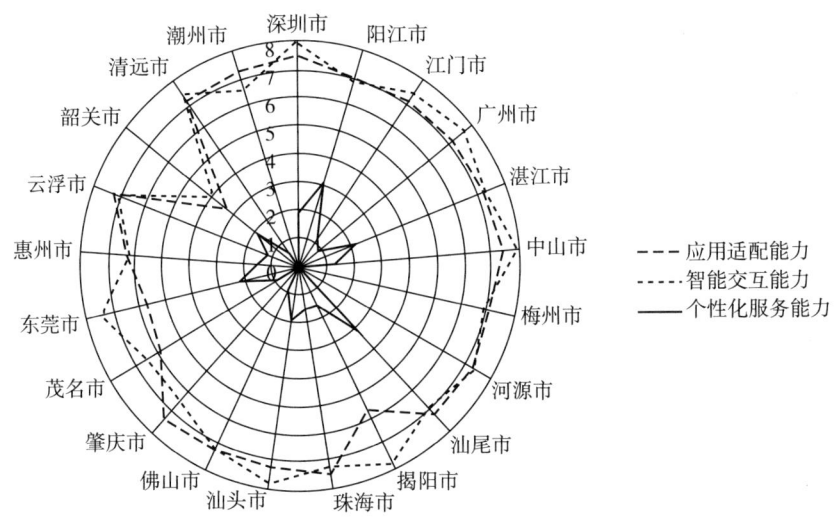

图11 广东省政府互联网服务智慧能力二级指标得分

（三）广东省地方政府互联网服务能力特点分析

广东省21个城市在本次地方政府互联网服务能力评估中表现十分卓越，有7个城市进入了全国前20，在单项指标中也表现十分抢眼。广东省在本次地方政府互联网服务能力评估中展现了"综合能力卓越，各项能力均衡发展，智慧能力突出"的特点，以下对表现优异的单项能力进行分析，深究背后的原因与经验。

1. 注重均衡发展，综合能力突出

在本次政府互联网服务能力评估中，广东省地方政府互联网服务能力排名最高是位列全国第一的阳江市，其是全国排名最后一位山南市综合得分的近10倍。广东省地方政府互联网服务综合得分进入全国前十的还有3座城市，包括位居全国第二的深圳市、位居全国第五的江门市和位居全国第六的广州市，展现了广东省非常卓越的政府互联网服务能力。

2018年广东省政府印发了《广东省人民政府办公厅转发国务院办公厅2018年政务公开工作要点的通知》，按照国务院指示，对2018年广东省政务公开工作要点进行了部署，强化政府互联网服务供给能力建设，并要求将工作要点在政务网站上进行公开，方便公众监督和查询。为了增强互联网服务能力，广东省不断完善监督机制，加强政府网站信息内容建设，并且委托了第三方专业评估机构，对市政府的门户网站和各部门门户网站进行日常监测、年终评估、结果复核等考评，并向公众公布考评结果。还通过广东省政府网站、《广东省政府公报》、政务微信等多平台，及时回复公众的政务诉求。广东省还提供了安卓系统和IOS系统的政务App，为公众提供更加便捷的政务服务。

2. "一门式、一网式"政务模式，高效便民

在本次中国地方政府互联网服务能力评估中，广东省地方政府服务供给能力排名最高的城市是位居全国第三的深圳市，排名位居全国前二十的还有中山市、广州市、汕头市和肇庆市。在服务贯通能力的社保领域、教育领域、就业领域、住房领域、交通领域、企业开办、企业纳税、创新创业中，广东省均有多个城市位居全国第一，展现了广东省强大的服务贯通能力。

广东省在2018年出台了《广东省数据开放和共享系列标准》，对政府门户网站的各项标准进行了规范和统一。广东省政务服务网实现了21个市政府门户网站和网上办事大厅的一体化整合，构建了"一门式、一网式"的政府服务模式，能够提供个人服务、法人服务和政务公开，实现政民互动、效能监督和便民利企。依托政务服务大数据平台、电子政务数据库和电子证照数据库建设，初步实现了政务事项全流程、全天候、全地域办理，互联网和政务服务的深度融合，已经逐步建成覆盖全省的整体联动、部门协同、省级统筹、一网办理的"互联网+政务服务"体系。为了推动全省各级政府门户网站内容规范化、技术集约化、服务智能化发展，实现全省政府

门户网站的集约建设，广东省还明确了政府能够提供的在线服务事项的清单和所需材料，开办了综合网上服务窗口、一站式链接服务平台，并且承诺了办结事项的期限。

3. 强调政务智慧化，及时反馈公众诉求

在广东省地方政府互联网服务能力评估上，广东省政府互联网服务智慧能力最为突出，领先全国。广东省地方政府服务智慧能力排名最高的是位居全国第三的深圳市，并且汕头市、中山市和湛江市均进入全国前十。在应用适配能力的功能适配度、智能交互能力的智能搜索能力和个性化服务能力的智能推送能力评估中，广东省均有多个城市并列全国第一。展现了广东省整体优异的服务智慧能力，相较于服务供给能力和服务响应能力更加突出。广东省地方政府服务响应能力排名最高是位居全国第三的阳江市，江门市、湛江市和广州市也位居全国前十。在诉求受理能力的互动诉求受理能力和办事诉求受理能力评估中，东莞市、佛山市、阳江市和江门市均并列全国第一，凸显了广东省在诉求受理能力方面的卓越水平。在互动诉求反馈能力的诉求回复响应能力和诉求回复应用能力评估中，阳江市、湛江市、广州市和江门市均并列全国第一，说明广东省地方政府在互动诉求反馈能力上拥有卓越表现。

广东省政务服务网设有专门的"政民互动"版块，如图12所示包括"直播互动""政民互动建议""我有话对省长说""信访大厅"等子栏目。"直播互动"安排市长和局长对政府工作重点的访谈，进一步加强政策解读，积极回应社会关切。公众还可以通过"政民互动建议"参与政府政策网络意见征集和网上问卷调查，反馈自己的意见，政府部门会在规定期限内及时回复。通过"我有话对省长说"，公众还能留言发表自己的政务观点和政务诉求，并且能够查询留言处理进度。广东省在政务建设中非常注重政务智慧化建设，通过数据共享、推广电子证照应用等方式，"让百姓少跑腿、让数据多跑腿"。广东省政府还与腾讯积极合作，打造"粤省事"微信小程序（见图13），实现了政务服务的个性化和便捷化，针对微信用户的特点，定制化推送政务信息并提供政务服务。在政务服务网站接入了人工智能问答机器人，能够24小时提供政务服务咨询，如图14所示的汕尾市智能政务咨询。

图12　广东省政民互动平台

资料来源：http：//www.gdzwfw.gov.cn/portal/gov-people-interact？region＝440000。

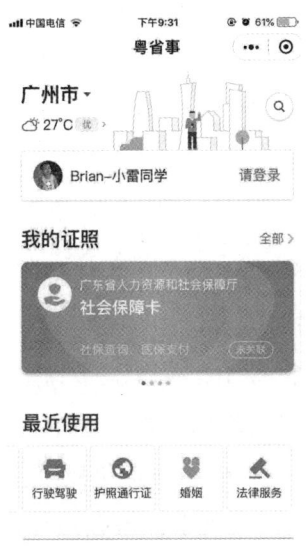

图13　"粤省事"微信小程序界面

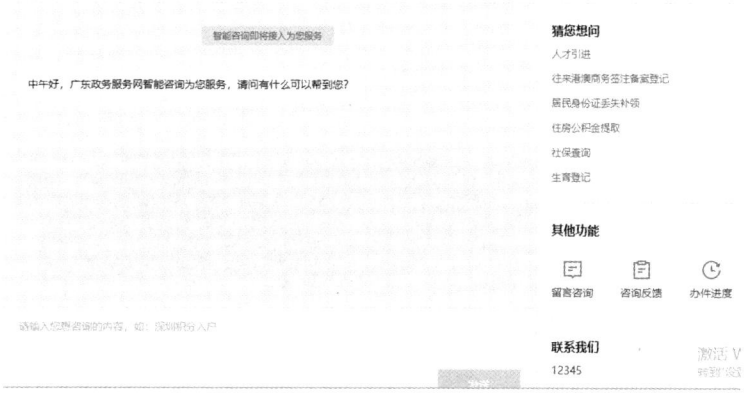

图 14　汕尾市智能政务咨询

资料来源：http：//www.gdzwfw.gov.cn/znkf/gdbs/customer.html? region = 441500。

三　案例启示

（一）完善政策支撑，注重过程评估

广东省政务信息化建设经历了三次转变，不管是初始阶段仅仅初步实现"政府上网"，还是现阶段实现统一协调、部门协作的"互联网＋政务"，以及未来依托大数据驱动的智慧政务，广东省一直在以新思维、新技术提升政务服务水平，强调"以公民为中心"的行政价值，不断提升政府互联网服务的供给能力、响应能力和智慧能力。广东省2019年为了提升政府互联网服务能力，陆续出台了《关于我省全面推进政务公开工作实施意见》《广东省人民政府转发国务院关于印发政务信息资源共享管理暂行办法的通知》等政策，规范政务信息化建设，促进政务信息资源共享，提高行政效率，提升政务服务水平，增强政府公信力。从2015年开始，广东省每年都出台《广东省政府网站考评办法》，对网站的使用情况、更新状况、办事服务质量、网站回复情况等各项指标进行考评，并纳入政府

绩效考核。对政府互联网服务的过程进行监督和评估，及时整改和淘汰不合格的政务网站。

（二）集约化平台建设，省市跨部门协作

2018年9月20日，积极贯彻中央指示，按照全国一体化在线政务服务平台建设总体要求，广东省政务服务网作为政府服务统一平台正式上线。广东政务服务网是广东省人民政府办公厅主办的网站，以便利民生服务、营造高水平营商环境为目标，汇聚了广东的省、市、县、镇、村五级政务服务事项，多类涉企事项和民生事项均可在该网站统一办理。广东省针对集约化的政务平台建设还出台了《广东省数据开放和共享系列标准》，该标准是由广东省经济和信息化委指导，广东省标准化研究院、工业和信息化部电子第五研究所和广东省电子政务协会联合编制。数据开放和共享系列地方标准具体包括《政务信息资源标识编码规范》（DB44/T2109－2018）、《电子政务数据资源开放数据技术规范》（DB44/T2110－2018）、《电子政务数据资源开放数据管理规范》（DB44/T2111－2018）等，规范了政务信息资源统一标准，为网站集约化建设提供了标准，支持广东省依托于"互联网+政务"平台的建设，重塑了政府服务流程，实现了扁平化管理体系和智能化运行机制。广东省已实现覆盖全省21个市的整体联动、部门协同、省级统筹、一网办理的"互联网+政务服务"体系，实现了"一站式"直接办理、"一站式"访问各级政府相关职能部门的政务模式。

（三）新兴技术应用，提升政务服务效率

本年度地方政府互联网服务能力调查，广东省共有4个城市进入全国前十，比2018年评估增加了1个城市，继续在全国保持领先水平，政府互联网服务能力平均得分较2018年也提升近12.5%。在2019年政府互联网服务智慧能力评估一项上，广东省表现最为突出，得分领先全国平均水平27.8%；政府互联网服务供给能力和服务响应能力得分也都高于全国平均水平，并且三项能力得分相对比较均衡。"综合能力卓越，各项能力均衡发

展,智慧能力突出"是本阶段广东省政府互联网服务能力的典型特征。

在2016年广东省就发布了《广东省促进大数据发展行动计划（2016～2020年）》,计划用5年的时间,打造全国数据应用先导区和大数据创业创新集聚区,抢占数据产业发展高地,建成具有国际竞争力的国家大数据综合试验区。运用大数据推动政务服务、社会治理、商事服务、宏观调控、安全保障等领域政府治理水平显著提升,逐步推动广东省向智慧政务转型。目前,广东省已经和腾讯合作推出了"粤省事"小程序和广东政务服务微信公众号,开发了广东政务服务App,通过这些智能平台的使用,更加便捷地为公众提供政务服务并及时反馈公众的政务诉求,提升政府互联网服务的响应能力和智慧能力。广东省政府为了进一步完善"互联网+政务服务"体系、优化服务改革、提高政务服务质量与实效、提升政府互联网服务能力,在2018年11月19日出台了《广东省"数字政府"建设总体规划（2018～2020年）》,指出优化营商环境、提升民生服务水平、推进政务服务事项标准化、推进"互联网+政务服务"一体化便捷服务、推动政府内部协同运作、加强业务应用支撑、推动权衡一体化政务大数据共享应用、提升基础设施集约化水平等八项建设目标,推进"省—市—县—镇"的纵向政务外网骨干网建设,逐步推进相关市、先、镇级部门横向介入同级骨干网,推动万兆到市、千兆到县、百兆到镇、按需到村,在2020年全面实现广东省"数字政府"总体建设。

参考文献

毕瑞峰、段龙飞：《"放管服"改革背景下的地方政府事权承接研究——基于广东省中山市镇区的调查分析》,《中国行政管理》2018年第8期。

曹泂、方若琳、杜楠楠：《政务新媒体在服务型政府转型中的"边界调适"与"角色冲突"——以广东省政务微信为例》,《电子政务》2018年第11期。

陈天祥、杨蕊：《地方政府职能转变测量——基于广东省政府工作报告的文本分析（1981—2015）》,《华南师范大学学报》（社会科学版）2017年第1期。

陈天祥、应优优：《从调整机构到重塑政府：改革开放以来政府机构改革的演进轨迹——基于广东经验的透视》，《华南师范大学学报》（社会科学版）2018年第6期。

韩啸、吴金鹏：《治理需求、政府能力与互联网服务水平：来自中国地方政府的经验证据》，《情报杂志》2019年第3期。

贾海薇、周志忍：《地方政府治理变革的困境与行政体制创新的路径——基于广东省的分析》，《广东社会科学》2016年第2期。

李丽、姚芳敏、牛奔：《2011年广东省政府网站评价研究》，《电子政务》2012年第9期。

李曼、陈建松：《电子政务网络影响力评估与提升策略研究——以广东省21个市政府为例》，《现代情报》2014年第4期。

李文彬、赖琳慧：《政府绩效满意度与居民幸福感——广东省的实证研究》，《中国行政管理》2013年第8期。

欧阳峰、欧阳仲航、颜海：《政府机构网站信息公开实施情况的评估与分析——以广东省为例》，《情报杂志》2015年第4期。

彭秋平：《广东省地级市开放政府数据平台组织与建设现状调研》，《图书馆学研究》2019年第12期。

谭海波、赵雪娇：《"回应式创新"：多重制度逻辑下的政府组织变迁——以广东省J市行政服务中心的创建过程为例》，《公共管理学报》2016年第4期。

汤志伟、张龙鹏、李梅、张会平：《地方政府互联网服务能力及其影响因素研究——基于全国334个地级行政区的调查分析》，《电子政务》2019年第7期。

王法硕：《省级政府"互联网+政务服务"能力的影响因素——基于30个省级政府样本的定性比较分析》，《东北大学学报》（社会科学版）2019年第2期。

徐凌：《我国政务公开工作的模式创新与探索——基于广东省G市H区的个案研究》，《中国行政管理》2019年第6期。

易兰丽、王友奎、黄梅银：《基于社会网络分析的政府信息共享机制研究——以广东省D市办事服务信息为例》，《情报杂志》2019年第5期。

赵国洪、尹嘉欣：《中国"政府微博"发展状况分析——基于广东省的实证研究》，《电子政务》2012年第6期。

ns
B.10
安徽省政府互联网服务能力研究报告

李梅 蔡运娟 贾开*

摘 要： 安徽省位于我国中部地区，得益于政府部门的高度重视和战略支持，目前已经初步建成适应政务需要、具有安徽特色的政务网络体系。尤其是自2016年以来，随着物联网、云计算、大数据和人工智能等新一代网络信息技术在政府部门的应用，安徽省借力"互联网+政务"优化服务流程、提高服务效率，政府互联网服务能力取得阶段性成果。在本年度的全国地方政府互联网服务能力评估中，安徽省以综合能力全国领先、整体发展大幅提升的态势，居全国领先水平。基于此，通过分析安徽省政府互联网服务能力的发展经验和启示，以期为全国政府互联网服务能力水平的不断提升提供参考借鉴。

关键词： 安徽省 地方政府互联网服务能力 案例分析

一 案例背景

安徽省下辖合肥市、黄山市和马鞍山市等16个地级市，在政府互联网

---

* 李梅，四川师范大学讲师，电子科技大学公共管理学院博士后，研究方向为电子政务；蔡运娟，电子科技大学公共管理学院副教授，研究方向为政府数据治理与公共危机治理；贾开，电子科技大学公共管理学院副教授，研究方向为政府治理、人工智能治理。

服务能力建设过程中，安徽省政府及其各地级市政府始终坚持以应用为先导，以资源整合为手段，以实现互联互通和信息共享为目标，并力争在"数字安徽"建设中率先取得突破。当前安徽省在政府网站体系建设、互联网运行平台建设、推行权力清单制度、政府信息公开等方面的发展成效十分显著。

（一）安徽省政府网站体系建设情况

在政府网络基础设施建设方面，当前安徽省省级网络平台已经具备一定规模，省级主要部门的内部办公业务网已初步实现互联互通，宏观经济、地理信息和政策法规等公共信息资源库也在建设当中。安徽省经济信息中心的数据显示：2018年安徽全省政务外网已实现省、市、县三级全覆盖，省、市外网连接单位分别达到147家和2152家，已承载39个国家纵向应用系统和66个省级应用系统。

在政府网站运行方面，安徽省政府网站在经过政府各部门的不断开发和完善后，建设成目前较为完备的包括发展改革委、教育厅等47个直属单位，以及合肥市、黄山市和六安市等16个城市在内的政府门户网站体系，其信息内容不仅包括政治、经济等宏观信息，还包括教育、就业、住房等微观信息。

在政务专网建设方面，随着"数字安徽"建设向纵深发展，社会对安徽省政府互联网服务的需求类型不断增加、网络传输的各种业务进入高速发展时期，安徽省政府致力于9个专项网站的建设，具体包括：安徽政务服务网、安徽省政务公开网、安徽省走出去公共服务平台、省公共资源交易监督网、信用安徽、安徽省政府采购网、省阳光就业网上服务大厅、安徽普法网、安徽消防网。

（二）安徽省政府网络运行平台建设情况

首先，综合信息服务平台自2014年1月开始正式运行，该平台主要覆盖安徽省、市和县（区）的发展改革系统，共涉及机关单位的18个处室以及能源局的5个处室，目前发展改革系统有关行政审批和公共服务的71项职权事项皆可在该平台办理，该平台上线以来政府的行政效能显著提高。

其次，政府权力清单运行平台。该平台于2014年4月上线运行，安徽省政府基于权力清单运行平台提供清晰有效的目录清单入口，以方便公众查询、知悉以及明确政府的权力边界与所提供的服务；并且按照发展和改革委员会、教育厅、科学技术厅、经济和信息化委员会等部门分类，分别公布54个部门的权力清单；此外，安徽省对于每一类清单均给出详细信息，信息完备程度较高。

再次，政务新媒体平台。2015年12月31日，安徽省政府的政务微博微信综合服务平台——"安徽省人民政府发布"正式上线运行。"安徽省人民政府发布"承担着政府信息公开、民政互动交流、回应社会关切三大功能。

最后，公共信用数据开放平台。截止到2018年，安徽省公共数据开放平台初步建成，该平台归集安徽省教育厅、科技厅等30多个部门的社会法人基本信息、资质信息、监管信息等，数据开放程度较高，涉及知识产权、医疗卫生、食品药品等领域的123项，为社会提供权威的数据共享、应用和推广等服务。

（三）安徽省政府信息公开建设情况

在政务公开网站建设方面，自2017年11月28日起，由安徽省政务公开办公室主管，省经济信息中心主办，安徽商网信息产业有限公司支撑建设的新版安徽省政务公开网（www.ahzwgk.gov.cn）正式上线试运行。基于该网站，安徽省致力于打造政务"五公开"，即实现行政权力信息公开、财政资金信息公开、公共资源配置信息公开、公共服务与民生信息公开、公共监管信息公开等，内容覆盖政府权力运行全流程、政务服务全过程，汇聚全省各级行政机关公开指南、公开目录和公开内容，全面展现安徽省政务公开工作制度的进展和成效。

(四)安徽省推行权力清单制度情况

2014年1月,安徽省委《关于全面贯彻落实党的十八届三中全会精神全面深化改革的意见》提出推行政府权力清单制度,经过近3个月的筹划与制度设计,自2014年4月开始在75家省直单位探索实施省级政府行政权力清单公开,选取7个市同步开展试点,并于2015年开始在省、市、县级全面建立政府权力清单制度,系统推进权力清单、责任清单、负面清单治理模式。

经过不断的努力,安徽省的省级政府权力事项基数由原来的5405项减少3693项,其中取消和下放的属地管理事项2595项,共保留省级权力事项1712项,最终被纳入清理范围的省级政府75家单位权力事项精简68.3%;另外,行政审批事项基数也由316项减少到213项,精简32.6%。随着政府权力事项和行政审批事项的大幅精简,当前安徽省的省级权力事项是全国保留最少的省份。

二 案例分析

本次评估共采集安徽省下属的合肥市、芜湖市和黄山市等16个地级市的相关数据,然后通过三级指标对各地级市的服务响应能力、服务供应能力和服务智慧能力进行综合评价。在此基础上,分别计算16个地级市各项指标得分及其总得分情况,再据此对各市的互联网服务能力进行比较和排名,用以分析和反映安徽省政府互联网服务能力的基本发展状况。

(一)安徽省地方政府互联网服务能力分析

1. 安徽省地方政府互联网服务能力整体得分情况

在评估中,安徽省内地级市总分位居前10%的城市共有7个,占安徽省地级市总数的44%,表明安徽省有近一半的地级市政府互联网服务能力整体水平在全国处于领先地位。安徽省政府互联网服务能力排名第一的是宣

城市，以总得分81.86分的创新领先水平位居全国第8位。与此同时，在全国333个地级市的排名中，安徽省有13个城市的排名均位列全国前100位，其余3个城市的排名均位列全国前164位，表明安徽省政府互联网服务能力的整体排名位次较国内其他城市优势明显。

从2018年报告与2019年报告的排名对比来看，安徽省政府互联网服务能力的整体排名上升幅度较快，芜湖市是安徽省政府互联网服务能力提升最快的城市，排名从上年的第238位上升到第18位，提升幅度最大。与此同时，铜陵市、六安市的排名分别提高140个和138个位次，阜阳市、合肥市、亳州市的排名分别提高88个、83个和64个位次，政府互联网服务能力的发展速度同样较快；蚌埠市、淮北市、宣城市、安庆市等5个城市的排名呈现稳中有进的良好发展趋势。此外，尽管黄山市、池州市和马鞍山市等5个城市的排名较上年略有下降，但是难掩安徽省各地级市政府互联网服务能力排名变化整体向好的发展态势。

表1 安徽省政府互联网服务能力排名的年度对比

排名\时间	2019年报告排名	2018年报告排名	排名变化
宣城市	8	36	↑28
芜湖市	18	238	↑220
黄山市	19	18	↓1
亳州市	21	85	↑64
滁州市	22	30	↑8
蚌埠市	25	73	↑48
合肥市	26	109	↑83
六安市	36	174	↑138
淮北市	51	98	↑47
铜陵市	53	193	↑140
池州市	62	55	↓7
宿州市	93	22	↓71
马鞍山市	100	90	↓10
安庆市	121	134	↑13
阜阳市	160	248	↑88
淮南市	164	140	↓24

从地方政府互联网服务能力整体得分情况来看，安徽省政府互联网服务能力平均综合得分为74.06分，全国平均综合得分为62.99分，表明安徽省地方政府互联网服务能力的平均总得分远远高于全国平均水平，甚至领先全国平均水平近18%。在图1中可以看到，安徽省下属16个地级市的政府互联网服务能力全部高于全国平均水平，展现出安徽省政府互联网服务整体水平在全国范围内处于领先和赶超地位，尤其是在安徽省内排名第一的宣城市得分为81.85分，居于全国地方政府互联网服务能力的创新领先水平。

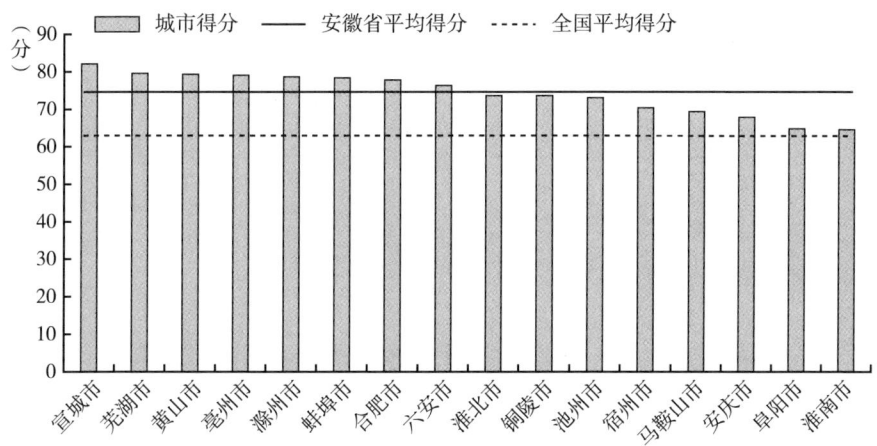

图1 安徽省政府互联网服务能力得分

2. 安徽省地方政府互联网服务能力得分率情况

如表2和图2所示，安徽省各级地方政府的服务供给能力、服务响应能力和服务智慧能力的平均得分分别为27.38分、32.76分和13.92分，相应的得分率分别为68.45%、81.90%和69.60%。上述数据表明：一方面，与全国平均水平相比，安徽省各地方政府的服务供给能力、服务响应能力和服务智慧能力在全国范围内均处于创新领先和积极追赶的地位，整体互联网服务能力较强；另一方面，从各级指标的得分情况来看，安徽省服务响应能力最强，其次为服务供给能力，而服务智慧能力则有待进一步提升。

与此同时,基于标准差和变异系数的指标值,可知服务供给能力变异系数最小,为7.63%,表明安徽省各地级市政府在服务供给能力方面的发展相对比较均衡。尽管服务响应能力和服务智慧能力的得分率较高,但是变异系数分别为14.29%和13.21%,意味着未来安徽省要致力于减小各地级市的发展差距。

表2 安徽省政府互联网服务能力一级指标情况

一级指标	全国平均值(分)	安徽省平均值(分)	标准差(分)	变异系数(%)
服务供给能力	25.30	27.38	2.09	7.63
服务响应能力	25.90	32.76	4.68	14.29
服务智慧能力	11.80	13.92	1.84	13.21

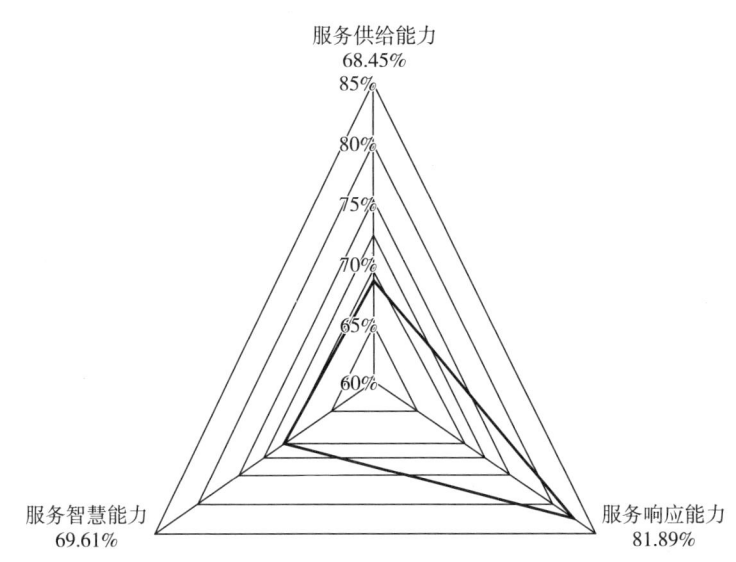

图2 安徽省政府互联网服务能力得分率情况

此外,与上年相比,安徽省各地方政府的服务响应能力提升最快,得分由上年的23.47分提高到32.76分,得分能力提高39.58%,表明安徽省各地方政府能够依托互联网及时受理公众服务诉求，并积极反馈公众的办事和互动诉求。服务智慧能力的提升幅度也较为显著，得分率由上年的54.12%提高到69.60%，反映了过去一年安徽省各级政府基于公众多元化需求与体验，依托互联网、大数据和人工智能等先进信息技术在提供个性化服务、精准化服务等方面所做出的积极努力，如表3所示。

表3 安徽省政府互联网服务能力的年度对比

单位：分，%

维度	2019年报告		2018年报告	
	得分	得分率	得分	得分率
服务供给能力	27.38	68.45	28.60	71.50
服务响应能力	32.76	81.89	23.47	58.67
服务智慧能力	13.92	69.61	10.82	54.12

（二）安徽省政府互联网服务供给能力分析

安徽省政府互联网服务供给能力平均得分为27.38分，尽管相比于上年的28.60分略有下降，但是仍然比全国平均水平25.3分高8.22%，除芜湖市、淮南市和淮北市的互联网服务供给能力比全国平均水平略低或基本持平，安徽省内其他城市均高于全国平均水平，合肥市、黄山市、亳州市、滁州市、六安市、铜陵市、马鞍山市、蚌埠市等更是领先全国平均水平超过11%。这表明安徽省地方政府互联网服务供给能力整体处于创新领先和积极追赶水平，尤其是合肥市的服务供给能力以31.02分居于全国创新领先地位，见图3所示。

从安徽省政府互联网服务供给能力的二级指标得分情况来看，如图4所示，合肥市依次在应用整合能力、目录覆盖能力和服务贯通能力三项指标的得分方面都较为领先，在安徽省内各地级市中的整体服务供给能力最强。在目录覆盖能力方面，黄山市、合肥市和安庆市等地级市的得分比较靠前；在应用整合能力方面，合肥市、马鞍山市和黄山市等地级市的得分比较靠前；在服务贯通能力方面，铜陵市、宣城市和马鞍山市等地级市的得分

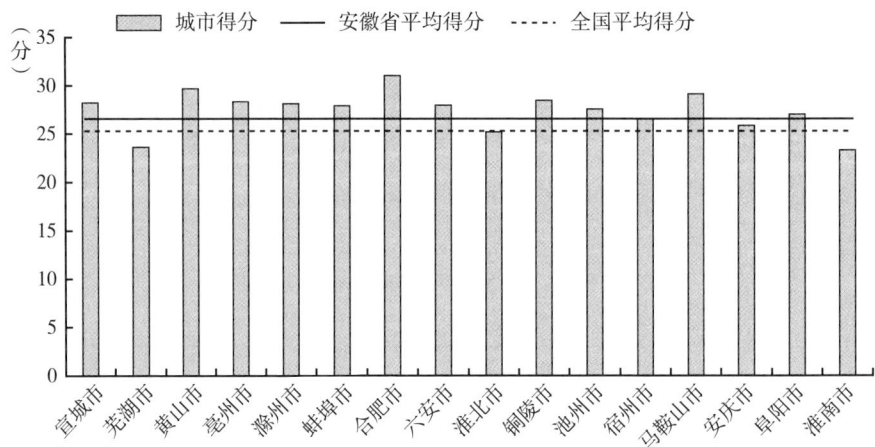

图3 安徽省政府互联网服务供给能力得分

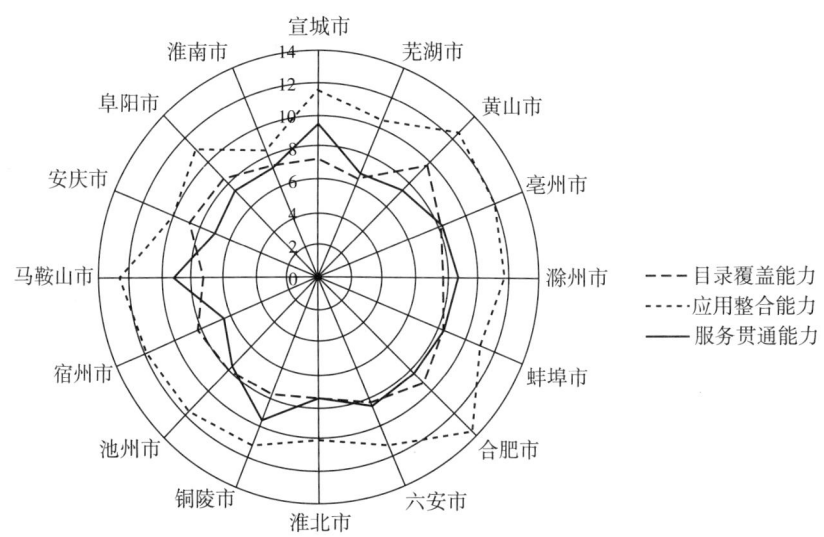

图4 安徽省政府互联网服务供给能力二级指标得分情况

比较靠前。

通过上述分析，政府互联网服务供给能力较强城市的各项指标都呈现齐头并进的发展趋势，而服务供给能力相对落后城市的差距主要在于目录覆盖能力和服务贯通能力方面。值得一提的是，安徽省内各地级市目录覆盖能力建设水平最高的是黄山市，这主要得益于黄山市在政务信息公开方面做出的努力。自2017年以来黄山市坚持"公开是常态""不公开是例外"的原则，全面推进决策公开、执行公开、管理公开、服务公开和结果公开等"五公开"，并明确在预决算及政府债务、重大项目建设批准和实施、社会公益事业建设、公共资源配置、公共服务与民生、公共监管信息等六大重点领域的政府信息公开（见图5），同时出台《市委办公厅市政府办公厅印发关于全面推进政务公开工作的实施意见的通知》《市政府办公厅关于印发2017年黄山市政务公开工作要点的通知》等一系列文件，有力地促进其目录覆盖能力建设水平的整体提升。

图5　安徽黄山市政府信息公开情况

资料来源：http://zw.huangshan.gov.cn/。

合肥市是应用整合能力得分最高的城市,这离不开合肥市政府门户网站整合政务服务平台、统一公共支付平台和统一认证中心等,实现多个平台的在线整合,为公众提供"一站式"服务。如图6所示,公众可以通过合肥市政府门户网站直接链接"安徽政务服务网合肥分厅",并可以点击进入"安徽省统一公共支付平台"在线完成教育、交通违法和公共事业等诸多缴费业务。

图6 合肥市平台整合情况

资料来源:http://www.hefei.gov.cn/。

此外,铜陵市的服务贯通能力在安徽省内各地级市中得分排名位列第一,如图7中所示,铜陵市政府网站提供各类办事服务的有效入口,不仅按照"个人办事"和"法人办事"、"便民服务"和"利企服务"进行分类,方便不同社会主体根据各自所需的服务事项在线办理;而且重点突出"民生领域服务"和"热点服务",便于公众和企业根据自己所需要的服务内容进行查找。

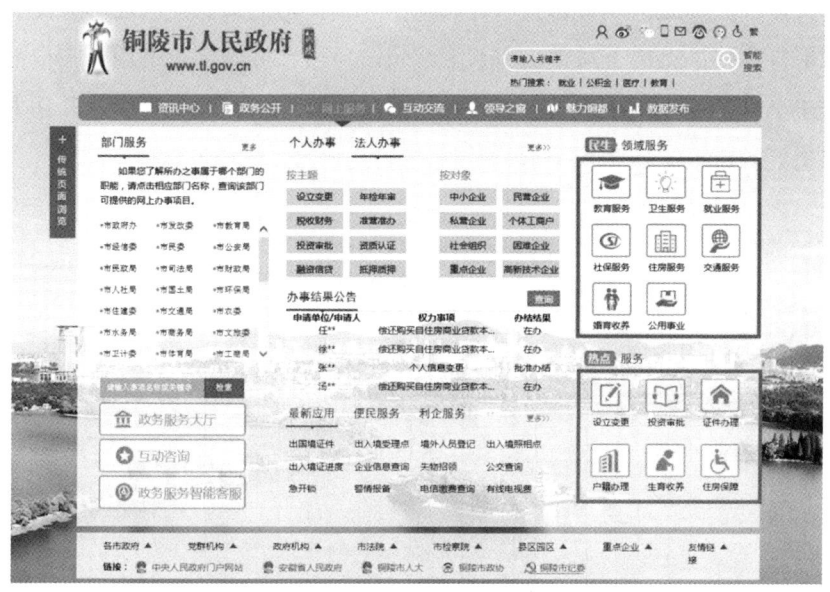

图7 铜陵市办事服务入口

资料来源：http：//www.tl.gov.cn/？id=1。

(三) 安徽省政府互联网服务响应能力分析

安徽省地方政府互联网服务响应能力在全国范围内的发展状况整体优异,省内互联网服务响应能力平均得分为32.76分,比全国25.90分的平均水平高26.49%,除阜阳市和淮南市比全国平均水平略低,其余14个地级市均高于全国平均水平。因此,在政府互联网服务能力的各项一级指标评估中,安徽省的服务响应能力与全国平均水平之间的差距最大,建设成效最为显著。

从安徽省内各地级市的情况来看,芜湖市、黄山市和蚌埠市等9个城市的政府互联网服务供给能力高于省内平均水平；更值得一提的是,2019年安徽省有3个城市的政府互联网服务响应能力处于创新领先地位,分别是蚌埠市得分为39.39分、宣城市得分为38.92分和芜湖市得分为38.84分,这反映出安徽省内近60%的地方政府能够运用互联网高效、便捷地回应公众的各类需求。因此,尽管合肥市、六安市和宿州市的服务响应能力与全省平均水平基本持平,甚至马鞍山市、安庆市、阜阳市和淮南市的服务响应能力仍低于全省平均水平,但是安徽省政府服务响应能力整体上处于创新领先和积极追赶的水平,如图8所示。

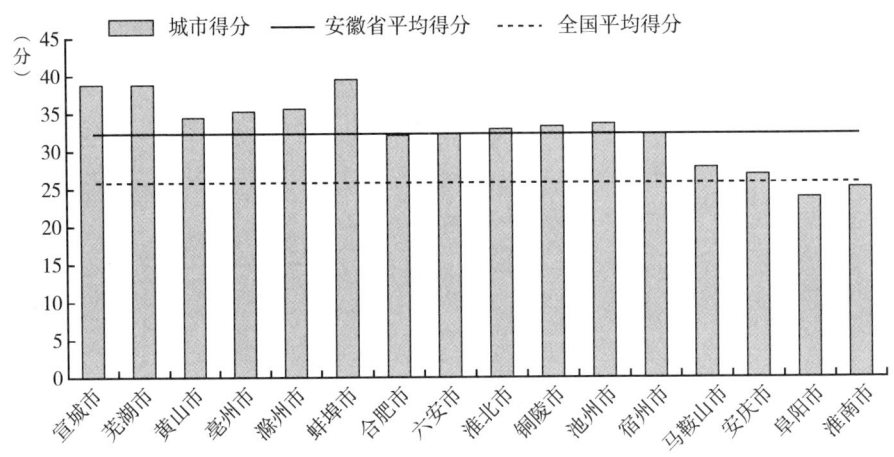

图8 安徽省政府互联网服务响应能力得分

图9是安徽省政府互联网服务响应能力的二级指标得分情况,蚌埠市、宣城市和芜湖市在安徽省内居于创新领先地位,其诉求受理能力、办事诉求响应能力和互动诉求反馈能力这三项指标的得分都较为领先,因而其在安徽省内各地级市中的整体服务响应能力也较强。

在诉求受理能力方面,省内16个地级市的得分区间为10~12分,各城市之间的差距相对较小,说明安徽省政府能够为公众提供较为便捷和顺畅的诉求提交渠道,这与近年来安徽省致力于网上信箱、"双微"政务平台和"在线访谈"建设等密不可分;在办事诉求响应能力方面,安徽省内各地级市的得分区间为9~14分,亳州市、蚌埠市、池州市和宿州市4个城市得分为14分,比得分末位的阜阳市9.26分高51%,表明各城市之间的差距相对较大;在互动诉求反馈能力方面,各城市之间的差距最为明显,得分最高的蚌埠市为13.87分,是得分末位的阜阳市2.77分的5倍。整体上,安徽省地方政府互联网服务响应能力的差距主要体现在办事诉求响应能力和互动诉求反馈能力方面。

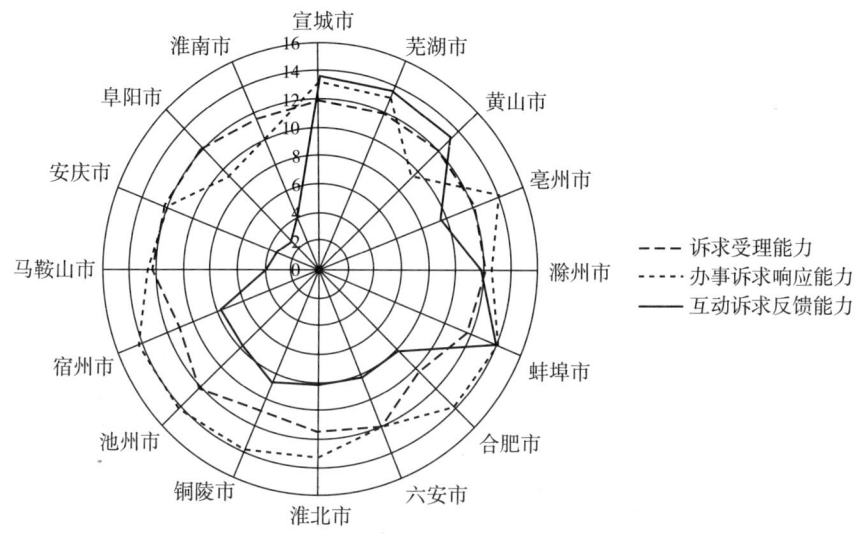

图9 安徽省政府互联网服务响应能力二级指标得分情况

安徽省内各地级城市之间的诉求受理能力差距相对较小,黄山市政府的诉求受理能力的发展水平相对优异。如图10所示,黄山市政府不仅将政务微博、政务微信、客户端的入口整合到其门户网站上,而且将各种诉求受理渠道(在线留言、市长信箱、政务微博、政务微信、办事咨询等)整合到统一的政府"12345"热线服务平台,并且在统一的页面进行展示,既方便公众寻找不同的诉求提交渠道,又有助于公众了解不同渠道的诉求内容和要求。

报告结果显示,亳州市的办事诉求响应能力取得较大进展,通过驾驶证审验办事指南(见图11)可以看出,亳州市公安局驾驶证审验的核准,

政府互联网服务能力蓝皮书

图10　黄山市人民政府的诉求受理渠道建设情况

资料来源：http://hd.huangshan.gov.cn/Feedback/Index。

可在网上对申请材料进行预审，预审通过后当事人可携带原材料进行现场审核并当场取件，办理实现了网上预审，并且只需到现场1次，网上办理深度为三级办事事项。此外，亳州市对办事服务事项标准进行梳理和整合，形成"最多跑一次"事项清单（见图12），有力地提高了亳州市各政府职能部门对公众办事诉求的响应能力。

互动诉求反馈能力得分排名位于安徽省内最高的是蚌埠市，从图13可以看到，蚌埠市政府网站展示公众诉求及回复的多种信息，并提供按"在线回复通报"、"热点咨询汇编"和"建议采纳汇编"分类进行查询的功能，同时可以按照信件的编号或者标题对办件回复结果进行查询。此外，蚌埠市政府在其网站上整合"政民直通车""热线集锦""在线访谈""12345热

安徽省政府互联网服务能力研究报告

图11　亳州市驾照核验办事指南

资料来源：http://bz.ahzwfw.gov.cn/bsdt/infoConsult/run-once-list-new.do。

线"等各类政府部门和公众互动的平台和渠道，有利于政府主动感知公众诉求。

（四）安徽省政府互联网服务智慧能力分析

安徽省在政府互联网服务智慧能力评估中的成绩相对较好，省内互联网服务智慧能力平均得分为13.92分，比全国11.8分的平均水平高17.97%。在安徽省16个地级市中，芜湖市、六安市和淮北市等13个城市的政府互联网服务智慧能力高于全国平均水平，表明安徽省政府互联网服务智慧能力在全国范围内整体上处于创新领先和积极追赶的地位，尤其是芜湖市以16.55分成为安徽省服务智慧能力水平最高的地级市，如图14所示。安徽省政府

图 12　亳州市"最多跑一次"办事事项清单

资料来源：http://bz.ahzwfw.gov.cn/bsdt/infoConsult/run-once-list-new.do。

互联网服务智慧能力整体水平的提高，意味着当前省内多数地级市能够依托互联网、大数据和人工智能等新一代先进网络信息技术向公众提供个性化、多元化的精准服务需求。

安徽省政府互联网服务智慧能力的二级指标包括应用适配能力、智能交互能力和个性化服务能力。如图15所示，各地级市的应用适配能力得分区间为5.5~7.5分，各城市之间的水平相差比较均衡；在智能交互能力方面，各地方政府的得分区间为3~8分，服务智慧能力得分最高的安庆市为8分，是得分最低的宿州市3.28分的2.4倍，因此各地级市在智慧交互能力这一指标上的得分差距最大；在个性化服务能力方面，各地方政府的得分区间为0~2.5分，尽管各城市之间的发展水平相差不大，但是该项指标的得分明显偏低。

安徽省政府互联网服务能力研究报告

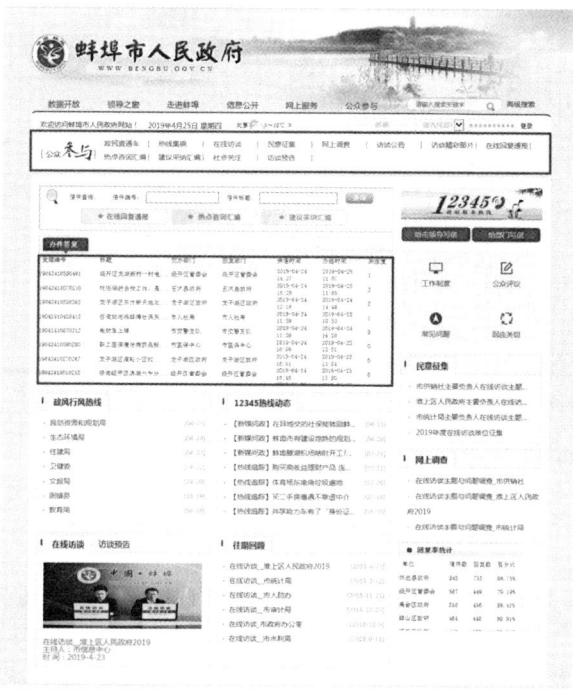

图13　蚌埠市政府"网上服务"办件答复

资料来源：http://www.bengbu.gov.cn/gzcy/。

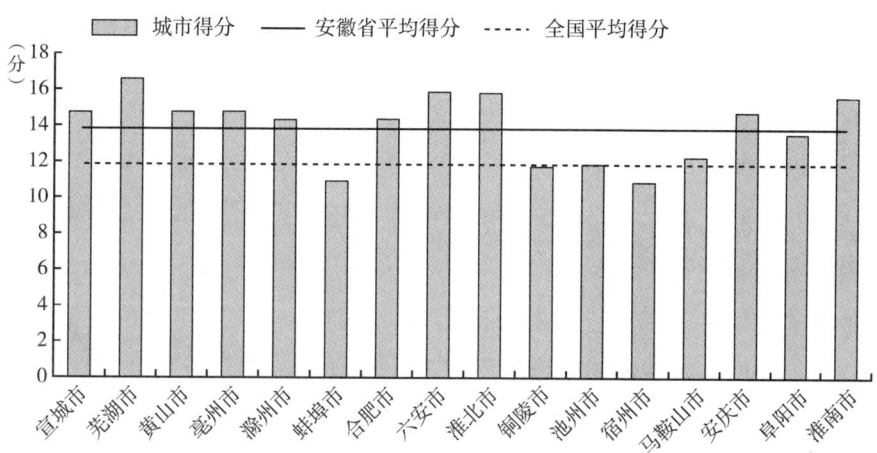

图14　安徽省政府互联网服务智慧能力得分

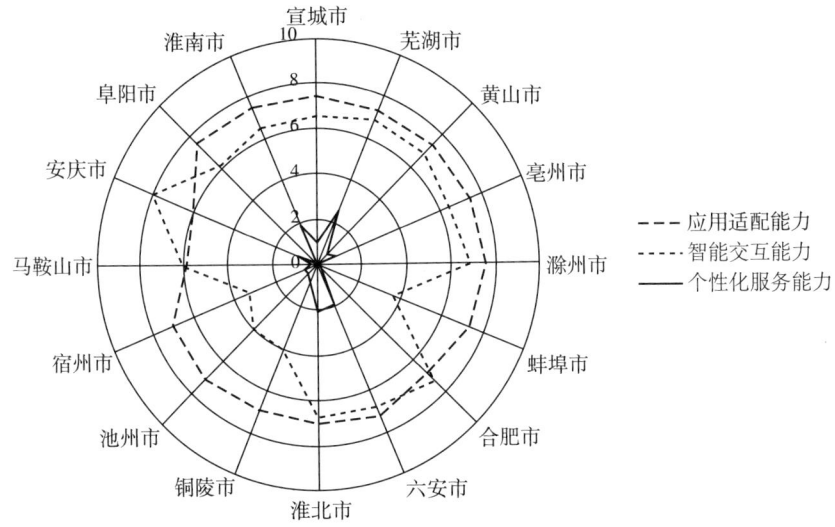

图15 安徽省政府互联网服务智慧能力二级指标得分情况

通过分析发现，当前安徽省内各城市的政府互联网服务智慧能力正稳步发展，未来有必要继续拓展和提升各浏览器的兼容程度、搜索引擎的适配程度和特殊人群的覆盖程度等。与此同时，各地级市在智慧交互能力的发展方面差距最大，说明部分地方政府对利用人工智能等技术提供响应式交互服务的关注不够。此外，当前安徽省各城市在依托互联网、大数据和人工智能等技术为公众提供个性化、细分化和精准化服务方面的能力建设，尚处于摸索和起步阶段。

滁州市的应用适配能力发展水平相对较高，主要表现为两方面。一方面，其政府互联网平台的无障碍适配程度较高，如图16所示，滁州市人民政府网站设置"无障碍浏览"，通过语音识别、指读、字体和配色等多种方式，针对老年人、盲人、视觉障碍人群等提供针对性的无障碍服务；另一方面，就搜索引擎适配度而言，滁州市的搜索引擎可见性较好、收录量较高，以国内用户量最大的百度搜索引擎和360引擎为例，滁州市政府网在百度搜索引擎的网页收录量达14万余次，在360搜索引擎的网页收录量达近12万余次。

安徽省政府互联网服务能力研究报告

图16 滁州市政府网站无障碍服务系统

资料来源：http://www.chuzhou.gov.cn/wza/index.htm。

安徽省智能交互能力最优异的城市是安庆市，智能交互能力的细分指标包括智能搜索和智能问答两方面。就智能搜索功能而言，安庆市在政府网站首页清晰展示"智能搜索"按钮，并根据"年度热点"和"历史热点"分为两类，用户可以自行筛选搜索结果。就智能问答功能而言，安庆市政府网站梳理和归纳公众关注的热点问题及常见的互动交流问题，公众在智能搜索系统中提交问题，系统实时提供相关或相近问题的答案，提供方便快捷的引导，如图17所示。

政府互联网精准服务能力的细分维度主要有在线注册、个性化定制和智能推送。整体上，安徽省16个地级市的精准服务能力得分率较低，所以尽管芜湖市是安徽省精准服务得分最高的城市，但其精准服务能力只体现在公众可以通过芜湖市政府网站下载RSS工具，自助订阅其感兴趣的通知公告、本地要闻、部门动态、媒体聚焦和优惠政策等内容，并且在网页上对RSS工具的使用和RSS聚合信息浏览的方式进行明确的引导和解读，如图18所示。

政府互联网服务能力蓝皮书

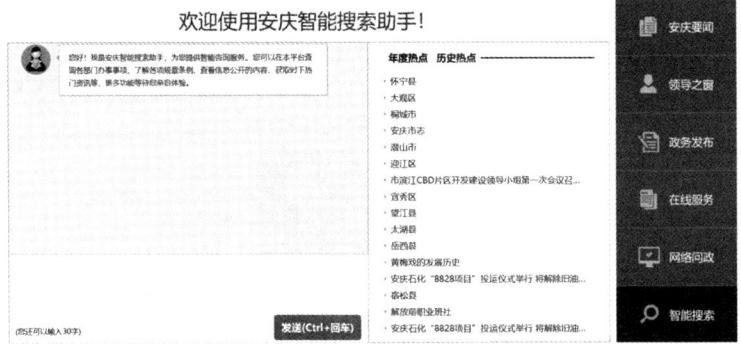

图17 安庆市政府网站智能搜索

资料来源：http：//www.anqing.gov.cn/index.html。

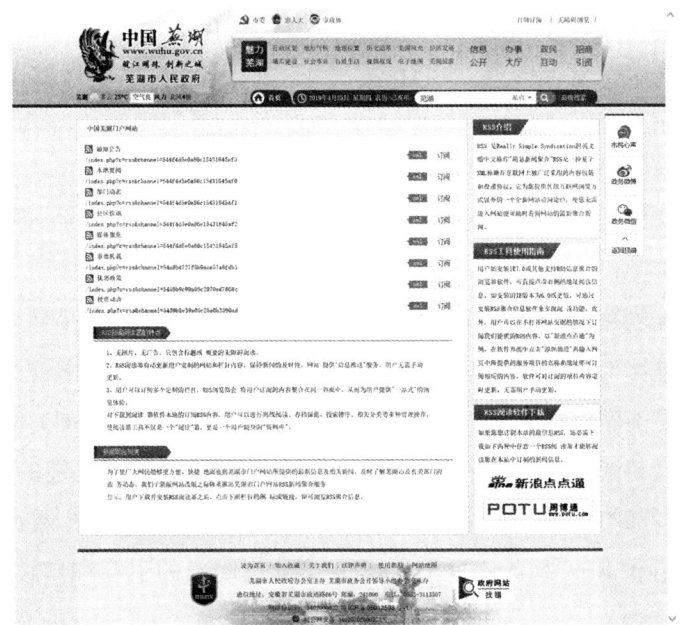

图18 芜湖市政府网站自助订阅服务

资料来源：http：//www.wuhu.gov.cn/interactRss/。

三 案例启示

在评估中,安徽省政府互联网服务能力较上年有较大提升,其下辖各地级市的整体表现也较好。其中,服务响应能力提升最大,其次为服务智慧能力,而服务供给能力提升相对较小。安徽省政府互联网服务能力发展水平的提高,得益于其一直以来注重加强政府网站集约化建设、全面深化政府信息公开和依法有序推行权力清单制度等。

(一)注重建设政府网站集约化平台

随着《安徽省人民政府印发关于全面对接国家政务服务平台高质量建设全省一体化网上政务服务平台实施方案的通知》(皖政〔2018〕111号)、《安徽省人民政府办公厅关于印发安徽省政府网站集约化试点工作实施方案的通知》(皖政办秘〔2018〕309号)这两项政策文件的发布,2018年安徽省提出要通过统一规范的集约化平台建设,实现政府网站资源优化融合、平台整合安全、数据互认共享、管理统筹规范、服务便捷高效,用以彻底消除政府部门之间的"信息孤岛"现象、加强各部门信息互联互通、减少重复建设造成的资源浪费。

当前,安徽政务服务网是其政府网站集约化建设的第一平台,安徽省致力于推行全省"一盘棋"、打破数据壁垒。截止到2018年,已经有57家省直厅局接入安徽政务服务网,初步联通安徽省所有市、县外网节点,使各级政府在社保、教育、医疗、就业、住房和交通等领域的服务贯通能力得到有效提高。在此基础上,当前省级上网政务服务事项2456项,网上办事为率79%,其中行政许可事项1071项,网上办事率为97%;市县级共梳理上网事项58246项,网上办事率为89.2%。此外,政府网站集约化建设也是优化"政民互动"、推进公众参与的重要途径,公众可以通过"省长信箱"、"在线访谈"和"回应关切"等方式与政府在线沟通。基于此,2018年安徽省人民政务网站共收到留言数量16596条,办结留言数量15169条;在征集调查方面,网站全年共开展23期征集调查,收到意见数量209条;全年共开展6期在线访谈工作。

未来,安徽省计划将继续致力于打造统一规范的政府网站集约化平台,根据《安徽省人民政府印发关于全面对接国家政务服务平台高质量建设全省一体化网上政务服务平台实施方案的通知》(皖政〔2018〕111号)的要求,计划2019年7月底前安徽省将建成省、市政府网站集约化平台,12月底前各市政府办公室牵头建设市级政府网站集约化平台,县级政府门户网站、市级政府部门、直属机构网站全部迁移至集约化平台;依托"1+N"信息资源库(1个省级库、16个市级库),实现安徽省、各地级市集约化平台数据互联融通。

(二)不断加大政府信息公开力度

2018年,在《安徽省政务公开办公室关于印发2018年政务公开、政务服务重点工作任务分工和"群众办事百项堵点疏解行动"推广活动方案的通知》(皖政务办〔2018〕1号)这一政策文件的指导下,安徽省相继出台《安徽省人民政府办公厅关于推进重大建设项目批准和实施领域政府信息公开的实施意见》(皖政办〔2018〕8号)、《安徽省人民政府办公厅关于推进公共资源配置领域政府信息公开的实施意见》(皖政办〔2018〕17号)、《安徽省人民政府办公厅关于推进社会公益事业建设领域政府信息公开有关事项的通知》(皖政办秘〔2018〕105号)等政策措施,推动相关政府部门在重大建设项目批准和实施、公共资源配置、公共事业建设等领域的信息公开,不断加大政府信息公开力度。

在上述政策的推动下,2018年安徽省主动公开政府信息387.3万条,其中规范性文件7.42万条,机构领导、机构设置及人事信息14.93万条,政府文件13.11万条,行政执法信息34.52万条,规划计划、统计信息6.01万条,财务预决算、财政专项经费使用和"三公"经费信息19.68万条,招标采购信息26.32万条,应急管理信息7.34万条,审计信息1.67万条,重点领域信息119.13万条,其他信息137.17万条。与此同时,安徽政务服务网是政府信息公开的专业网站,涉及公开指南和目录、公开发布、宣传解读、回应关切、依申请公开、政务公开在行动等内容,为公众和企业提供查阅信息的便利。此外,安徽省政府信息公开的方式不仅包括网站发布、政府公报，当前政务新媒体、统一政府热线服务平台（"12345"热线平台）等成为安徽省政府信息公开的重要渠道。

（三）全面有序推行权力清单制度

截至2018年，安徽省在全国范围内率先实现省、市、县、乡、村五级公共服务事项目录清单全覆盖，这主要得益于安徽省先后发布多项政策用以全面深化权力清单制度建设，具体包括《安徽省人民政府关于公布安徽省省级政府权责清单目录（2018年本）的通知》（皖政〔2018〕43号）、《安徽省人民政府办公厅关于公布省直单位取消政务服务事项申请材料清单的通知》（皖政办秘〔2018〕247号）、《安徽省人民政府办公厅关于公布省公安厅等部门取消政务服务事项申请材料清单的通知》（皖政办秘〔2018〕110号）、《安徽省人民政府办公厅关于印发2018年综合医改重点工作及任务清单的通知》（皖政办秘〔2018〕111号）等诸多政策文件，用以全面推行政府部门权责清单制度，并且实现省级行政权力事项比2017年减少65项，省级政府权责清单项目数由1513项精简至1448项。

在安徽省的积极带动下，安徽省各地级市也在全面推行权力清单制度建设方面取得较大成效，尤其是阜阳市发布《关于动态调整阜阳市市级涉企收费清单的公告》，对市级涉企清单收费项目进行动态调整，调整后的市级涉企收费清单共保留项目78项，比2017年公布的清单减少10项；其中，行政事业性收费由16项调整为15项，政府性基金仍保留18项，行政审批前置服务项目收费由47项调整为34项，涉企保证金（2017年为政府性保证金、抵押金）由7项调整为11项。此外，宣城市也发布《2018年基本养老公共服务清单》，明确宣城市基本养老公共服务项目、供给对象、供给方式和支出责任主体，做到清单之内项目以政府支出责任为主，清单之外项目以个人和家庭支出责任为主。

当前，安徽省及其各级政府通过互联网提供清晰有效的目录清单入口，以方便公众查询、知悉以及明确政府的权力边界与所提供的服务。同时，安徽省还提供"职权清理与调整情况"、"公共服务和中介服务清单"和"办理结果"等内容。此外,在目录清单分类引导方面,安徽省按照省发展和改革委员会、省教育厅、省科学技术厅、省经济和信息化委员会等部门分类,分别公布54个部门的权力清单;在信息完备度方面,安徽省对于每一类清单均给出详细信息,信息完备程度较高。《中国政府透明度指数报告(2018)》中,省级政府透明度指数排名前三的为安徽省、北京市、上海市。安徽省评估结果为82.75分,领先第二名北京市2.79分,是唯一评估成绩超过80分的省级政府。

表4 安徽省政府互联网服务能力建设的政策措施

年份	政策名称	政策重点
2001	《安徽省人民政府机关政务公开工作实施意见》(皖政办〔2001〕93号)	政务公开
2001	《安徽省人民政府关于设立安徽省政务服务中心的通知》(皖政〔2001〕103号)	政务服务
2004	《安徽省人民政府办公厅关于进一步加强政务信息工作的意见》(皖政办〔2004〕43号)	政务信息
2004	《安徽省人民政府办公厅关于进一步加强政务公开工作的意见》(皖政办〔2004〕44号)	政务公开
2004	《安徽省人民政府办公厅关于进一步加强政务服务中心工作的意见》(皖政办〔2004〕62号)	政务服务
2005	《安徽省人民政府办公厅关于进一步加强政务中心服务项目管理的通知》(皖政办〔2005〕6号)	政务服务
2006	《安徽省人民政府办公厅关于进一步加强政务公开促进机关效能建设的通知》(皖政办〔2006〕33号)	政务公开
2007	《安徽省人民政府办公厅关于印发2007年全省政务公开工作要点的通知》(皖政办〔2007〕21号)	政务公开
2008	《安徽省政务公开办公室关于做好依申请公开政府信息工作的意见》(皖政务办〔2008〕1号)	政务信息
2008	《安徽省政务公开办公室关于做好政府信息公开指南和目录编制总结阶段工作的通知》(皖政务办秘〔2008〕2号)	政务信息
2008	《安徽省政务公开办公室关于2008年度政务公开考评和政府信息公开报告工作的通知》(皖政务办〔2008〕4号)	政务公开
2008	《安徽省政务服务中心关于各级行政(政务)服务中心开展政府信息公开有关工作的通知》(皖政服〔2008〕5号)	政务服务
2008	《安徽省人民政府办公厅关于印发安徽政务公开考评暂行办法的通知》(皖政办〔2008〕48号)	政务公开

续表

年份	政策名称	政策重点
2009	《安徽省人民政府办公厅关于开展2009年度政务公开考评工作的通知》（皖政办明电〔2009〕89号）	政务公开
	安徽省政务公开办公室关于进一步完善政府信息公开目录系统的通知（皖政务办秘〔2009〕10号）	政务信息
2010	《安徽省人民政府办公厅关于开展2010年度政务公开考评工作的通知》（皖政办明电〔2010〕79号）	政务公开
2011	《中共安徽省委办公厅安徽省人民政府办公厅关于深化政务公开加强政务服务的实施意见》（皖办发〔2011〕37号）	政务公开
	《安徽省人民政府办公厅关于开展2011年度政务公开考评工作的通知》（皖政办明电〔2011〕63号）	政务公开
	《安徽省人民政府办公厅转发国务院办公厅转发全国政务公开领导小组关于开展依托电子政务平台加强县级政府政务公开和政务服务试点工作意见的通知》（皖政务办秘〔2011〕165号）	政务公开
2012	《安徽省政务公开领导小组办公室关于深化政务公开加强政务服务实施意见任务分解的通知》（皖政务办〔2012〕3号）	政务公开
	《安徽省人民政府办公厅关于印发2012年全省政务公开政务服务工作要点的通知》（皖政办〔2012〕22号）	政务公开
	《安徽省人民政府办公厅中共安徽省委宣传部关于开展政务公开政务服务工作集中宣传活动的通知》（皖政办秘〔2012〕47号）	政务服务
2013	《安徽省人民政府办公厅关于印发2013年全省政务公开政务服务工作要点的通知》（皖政办〔2013〕11号）	政务公开
	《安徽省人民政府办公厅关于开展2013年度政务公开考评工作的通知》（皖政办明电〔2013〕41号）	政务公开
2014	《安徽省人民政府办公厅关于印发2014年全省政务公开政务服务工作要点的通知》（皖政办〔2014〕13号）	政务公开
	《安徽省人民政府办公厅关于建立政务舆情收集研判和回应机制的通知》（皖政办秘〔2014〕127号）	政务舆情
2015	《安徽省人民政府办公厅关于印发2015年全省政务公开政务服务工作要点的通知》（皖政办〔2015〕23号）	政务公开
	《安徽省人民政府办公厅关于促进电子政务协调发展的实施意见》（皖政办〔2015〕25号）	电子政务
	安徽省人民政府办公厅关于开展2015年度政务公开考评工作的通知（皖政办明电〔2015〕54号）	政务公开

续表

年份	政策名称	政策重点
2016	《中共安徽省委办公厅安徽省人民政府办公厅关于全面推进政务公开工作的实施意见》(皖办发〔2016〕47号)	政务公开
	《安徽省人民政府办公厅关于开展2016年政务公开考评工作的通知》(皖政办明电〔2016〕55号)	政务公开
	《安徽省人民政府办公厅关于印发2016年全省政务公开政务服务工作要点的通知》(皖政办秘〔2016〕57号)	政务公开
	《安徽省人民政府办公厅关于印发2016年政务公开重点工作任务分工的通知》(皖政办秘〔2016〕79号)	政务公开
	《安徽省人民政府办公厅关于推进"互联网+政务服务"做好信息惠民工作的通知》(皖政办秘〔2016〕130号)	政务服务
	安徽省人民政府办公厅关于进一步加强政务微博微信建设的通知(皖政办秘〔2016〕136号)	政务微博政务微信
2017	《安徽省人民政府办公厅关于印发开展基层政务公开标准化规范化试点工作实施方案的通知》(皖政办秘〔2017〕188号)	政务公开
	《安徽省人民政府关于印发加快推进"互联网+政务服务"工作方案的通知》(皖政〔2017〕25号)	政务服务
	《安徽省人民政府办公厅关于印发安徽省政务信息资源共享管理暂行办法的通知》(皖政办〔2017〕17号)	政务信息资源共享
	《安徽省人民政府办公厅关于印发安徽省全面推进政务公开工作实施细则的通知》(皖政办〔2017〕18号)	政务公开
	《安徽省网上政务服务平台总体建设方案》(皖政办秘〔2017〕162号)	平台建设
	《安徽省人民政府办公厅关于开展全面推进政务公开工作督察的通知》(皖政办传〔2017〕159号)	政务公开
	《安徽省互联网政务服务办法》(省政府令第281号)	政务服务
	《安徽省人民政府政务服务中心关于印发开展"一张网一个门群众办事不求人"活动实施方案的通知》(皖政服〔2017〕19号)	政务服务
	《安徽省人民政府办公厅关于印发安徽省推进"互联网+政务服务"工作规划的通知》(皖政办〔2017〕73号)	政务服务
	《安徽省人民政府关于印发安徽省加强政务诚信建设实施方案的通知》(皖政〔2017〕109号)	政务诚信
	《安徽省人民政府办公厅关于印发2017年全省政务公开政务服务工作要点的通知》(皖政办秘〔2017〕110号)	政务公开
	《安徽省人民政府办公厅关于进一步加快推进安徽省政务信息系统整合共享工作的通知》(皖政办〔2017〕69号)	信息系统
	《安徽省人民政府办公厅关于成立安徽省加快推进"互联网+政务服务"工作领导小组的通知》(皖政办秘〔2017〕221号)	政务服务
	安徽省人民政府办公厅关于印发安徽政务服务网运行管理办法的通知(皖政办秘〔2017〕314号)	政务服务

续表

年份	政策名称	政策重点
2018	《安徽省政务公开办公室关于印发2018年政务公开、政务服务重点工作任务分工和"群众办事百项堵点疏解行动"推广活动方案的通知》(皖政务办〔2018〕1号)	政务公开 政务服务
	《安徽省人民政府办公厅关于印发2018年政务公开工作考评方案的通知》(皖政办明电〔2018〕24号)	政务公开
	《安徽省人民政府办公厅关于公布省直单位取消政务服务事项申请材料清单的通知》(皖政办秘〔2018〕247号)	政务服务
	《安徽省人民政府办公厅关于公布省公安厅等部门取消政务服务事项申请材料清单的通知》(皖政办秘〔2018〕110号)	政务服务
	《安徽省人民政府办公厅关于印发安徽省整治"两难两多一长"改善营商环境专项行动方案的通知》(皖政办秘〔2018〕141号)	政务服务
	《关于开展省直部门"减证便民"整治申请材料多专项行动的通知》(皖编办〔2018〕209号)	政务服务
	《安徽省人民政府办公厅关于印发2018年全省"互联网+政务服务"工作方案的通知》(皖政办秘〔2018〕71号)	政务服务
	《安徽省人民政府办公厅关于印发进一步深化"互联网+政务服务"推进政务服务"一网、一门、一次"改革行动方案的通知》(皖政办〔2018〕31号)	政务服务
	《安徽省人民政府印发关于全面对接国家政务服务平台高质量建设全省一体化网上政务服务平台实施方案的通知》(皖政〔2018〕111号)	平台建设
	《安徽省人民政府关于公布安徽省省级政府权责清单目录(2018年本)的通知》(皖政〔2018〕43号)	权责清单
	《安徽省人民政府办公厅关于推进重大建设项目批准和实施领域政府信息公开的实施意见》(皖政办〔2018〕8号)	信息公开
	《安徽省人民政府办公厅关于推进公共资源配置领域政府信息公开的实施意见》(皖政办〔2018〕17号)	信息公开
	《安徽省人民政府办公厅关于推进社会公益事业建设领域政府信息公开有关事项的通知》(皖政办秘〔2018〕105号)	信息公开
	《安徽省人民政府办公厅关于2018年省政府文件制定中落实公众参与有关事项的通知》(皖政办秘〔2018〕76号)	公众参与
	《安徽省人民政府办公厅关于印发基层政务公开标准化规范化试点验收实施方案的通知》(皖政办秘〔2018〕186号)	政务公开

资料来源:自行整理。

参考文献

黄学华、吴科主、周传华：《当前我国政府网站公众参与渠道建设情况及对安徽的启示》，《电子政务》2010年第11期。

鲁梦竹等：《安徽省各级政府网站建设水平调查和实证分析》，《电子政务》2012年第Z1期。

寿志勤、马春跃、郭亚光：《基于聚类分析的政府网站阶段性特征研究——以安徽省为例》，《电子政务》2013年第4期。

臧传新：《地方政府网站互动栏目分析及模式构建——以安徽省为例》，《北京邮电大学学报》（社会科学版）2009年第3期。

张海政、金雪梅：《政府网站与政府效能建设的长效机制——兼论安徽省政府网站建设的现状、问题及对策》，《电子政务》2008年第6期。

朱保中：《安徽省电子政务专网建设与资源开发探析》，《电子政务》2008年第10期。

邹彦林：《安徽省电子政务建设的实践与思考》，《电子政务》2008年第7期。

《安徽省级政府权力事项精简近7成、编制2万余条追责情形》，人民网，2019年5月10日。

B.11
宁波市政府互联网服务能力研究报告

刘红芹 王莉*

摘　要： 宁波市政府互联网服务能力持续保持国内领先水平，本报告选取宁波市作为案例，分析其互联网服务能力的亮点，为其他城市提供借鉴参考。经研究分析，宁波市政府响应能力最强，其次为智慧能力，再次为供给能力。宁波市办事诉求响应能力和智慧交互能力得分率均为100%，全国排名第一。宁波市的成绩一方面得益于宁波市政府自身强化管理与创新，不断健全体制机制；另一方面受益于浙江省持续推进"最多跑一次"改革，强化了顶层设计，助推和带动了宁波市政府互联网服务能力的提升。此外，宁波市强化一体化政务云建设，为服务能力发展提供了平台保障。

关键词： 宁波市政府互联网　宁波政务服务网　智慧交互　"最多跑一次"

一　案例背景

宁波市是全国经济最活跃地区之一。近年来，为打造国际化、法治化、便利化的优良营商环境，围绕提高政府服务水平和效率，深入贯彻国务院"放管服"和浙江省"最多跑一次"改革决策部署，宁波大力开展行政审批

---

* 刘红芹，电子科技大学公共管理学院博士后，研究方向为电子政务；王莉，电子科技大学公共管理学院副教授，研究方向为电子政务。

制度改革和"四张清单一张网"建设,从企业和公众的需求出发,转变行政理念,创新服务方式,提高审批效率,努力营造良好的政务服务环境,赢得了社会认可。课题组的评估报告显示,宁波市政府互联网服务能力在2018年和2019年的全国排名分别是第6位和第9位,连续两年处于创新领先水平。因此,课题组选取宁波市作为典型案例,分析其互联网服务能力的亮点,并总结启示,为其他城市提供借鉴参考。

宁波是行政审批制度改革最早的城市,作为浙江首个行政审批制度改革试点城市,从1999年起就开始探索实施简政放权、优化审批服务等改革举措。宁波市行政审批制度改革大致经历了四个阶段,从最初的"平台再造",到之后的"机构再造"和"标准再造",再到现在以"最多跑一次"为核心的"体系再造",每个阶段都是一次自我革新、自我提升、自我完善、自我超越的过程。宁波市充分利用"互联网+政务服务"助力"最多跑一次"改革,在"互联网+政务服务"方面,做到实体服务窗口和网上办事大厅紧密衔接,进一步减少办事环节,大幅提高网上办事比例,全面推行"在线咨询、网上申请、快递送达"办理模式,全力打通政府服务的"最后一公里"。此外,通过全面整合政府部门服务事项,打造政务服务"一张网"(浙江政务服务网宁波平台),狠抓"一窗受理、集成服务",打造网上办事统一入口,推动全市政务服务事项"一网全城通办"。

近年来,宁波市政府为提升互联网服务能力,陆续发布了系列政策,推进网上政务大厅建设、行政审批制度改革、政府信息公开、企业投资和社会共服务领域的"最多跑一次"改革,打造数字宁波和智慧宁波。2017年以来宁波市政府提升互联网服务能力的代表性政策如表1所示。

表1 宁波市政府提升互联网服务能力的代表性政策

序号	文件名称	文号
1	宁波市人民政府关于推进行政审批服务集成改革构筑市域一体化审批服务体系的实施意见	甬政发〔2017〕36号
2	宁波市人民政府办公厅关于进一步推进社会公益事业建设领域政府信息公开工作的若干意见	甬政办发〔2018〕106号

续表

序号	文件名称	文号
3	宁波市人民政府办公厅关于印发 2018 年宁波市政务公开工作要点及责任分工的通知	甬政办发〔2018〕80 号
4	宁波市人民政府办公厅关于印发宁波市企业投资项目"最多跑一次、最多 100 天"改革实施方案的通知	甬政办发〔2018〕82 号
5	宁波市企业投资项目"最多跑一次、最多 100 天"改革实施方案	
6	宁波市人民政府办公厅关于印发宁波市医疗卫生服务领域深化"最多跑一次"改革行动方案的通知	甬政办发〔2018〕85 号
7	宁波市人民政府办公厅关于深化"最多跑一次"改革全面推进"服务争效"的实施意见	甬政办发〔2018〕72 号
8	宁波市人民政府办公厅关于印发打破信息孤岛实现数据共享推进"最多跑一次"改革 2018 年工作要点的通知	甬政办发〔2018〕66 号
9	宁波市人民政府办公厅关于进一步深化"最多跑一次"改革工作的通知	甬政办发〔2017〕119 号

二 案例分析

（一）宁波市政府互联网服务供给能力分析

1. 应用整合能力分析

服务供给能力的 3 个指标中，宁波市政府的应用整合能力最好，全国排名第 27 位。具体来看，在平台整合能力方面，宁波市政府开通了政府信息公开网站，网站内容包括政府信息公开制度、公开指南、公开目录以及意见箱等内容，具有良好的平台整合能力（见图 1）；此外，开通了移动政务应用渠道，政府信息公开网站设置了"宁波政府信息公开微门户"，并有安装方法的说明（见图 2）。

在平台应用能力方面，信息公开目录设置了纵向的各区县市和横向的市级部门的分类引导,开通了信息公开的网上申请和办理结果查询(见图3)。政府各部门(横向)信息公开目录的分类清晰,以宁波市教育局的信息公开为例(见图4),信息公开的分类设置了法规公文、政府决策、工作信息、行政执法、人事信息、财政信息及政策解读、热点回应,便捷地引导公众查询相关信息。宁波市政府各区县设置了信息公开门户网站,以宁波市镇海区政府信息公开网站为例,开设了政府信息公开检索、重点公开领域,并设置了重点公开领域专网(见图5)。

图1 宁波市政府信息公开

资料来源:http://zfxx.ningbo.gov.cn/。

宁波市政府互联网服务能力研究报告

图 2　宁波市政府信息公开微门户

资料来源：http：//zfxx.ningbo.gov.cn/col/col2504/index.html。

2. 服务贯通能力分析

宁波市政府网站设置了"我要问"、"我要查"、"我要看"和"我要办"4个模块，其中"我要办"模块中，分别按照"个人办事"和"热点服务"进行分类引导，使公众办事时便捷查询相关服务事项的办理流程（见图6）。同时设置了热点导航、主题导航和部门导航（见图7）。

政府互联网服务能力蓝皮书

图3 宁波市政府信息公开横纵向分类引导

资料来源：http：//zfxx.ningbo.gov.cn/。

图4 宁波市教育局信息公开目录的分类引导

资料来源：http：//zfxx.ningbo.gov.cn/col/col2772/index.html。

宁波市政府互联网服务能力研究报告

图5 宁波市镇海区政府信息公开

资料来源：http://www.zh.gov.cn/col/col84068/index.html。

图6 宁波市政府网站服务贯通能力

资料来源：http://gtoc.ningbo.gov.cn/。

图 7　宁波市政府互联网服务清单

资料来源：http：//www.zjzwfw.gov.cn/zjservice/item/sjdh/list.do？webId=16&eventType=1。

2017年6月，宁波市发布了《宁波市人民政府关于推进行政审批服务集成改革构筑市域一体化审批服务体系的实施意见》（甬政发〔2017〕36号），在全市范围内推进行政审批服务集成改革，构筑市域一体化审批服务体系，为实现"最多跑一次"改革目标提供有力的支撑和保障。其中推进服务窗口集成，实现"一窗受理"，具体包括整合相关审批业务，分类设置服务窗口；整合审批业务咨询功能，设置综合咨询窗口；整合部门审批职能，强化集中审批；整合审批关联的中介业务，设置中介服务专区；整合项目联办代办功能，强化精准服务。上述政策有效推进了宁波市应用整合能力的提升。

（二）宁波市政府互联网服务响应能力分析

宁波市政府互联网服务响应能力的得分率为96.38%，在全国排名第九。从服务响应能力的细分维度来看，诉求受理能力、办事诉求响应能力和互动诉求反馈能力得分分别是11.52分、14.00分和13.03分，相应的得分率分别为96.00%、100.00%和93.10%（见表2）。在服务响应能力的3个指标中，宁波市的办事诉求响应能力最好，与宜昌市等全国11个城市并列第1位；其次为诉求受理能力，在全国排名第三。

表2 2018年宁波市政府互联网服务响应能力得分及排名情况

单位：%

指标	得分率	排名
诉求受理能力	96.00	3
办事诉求响应能力	100.00	1
互动诉求反馈能力	93.10	13

1. 服务诉求受理及反馈

宁波市政务服务网设置了"统一政务咨询诉求举报平台"，该平台设置了"我要咨询"、"我要投诉"、"我要举报"、"领导信箱"和"我要建议"等版块（见图8），公众诉求的提交更便捷。同时，该平台设置了与移动客户端、微信、微博和QQ的关联，实现了多网、多微、多端的整合，政府可以在不同的渠道受理公众诉求。2018年，诉求受理能力全国排名第三，在全国遥遥领先。

图8 宁波市"统一政务咨询诉求举报平台"

资料来源：http：//zxts.zjzwfw.gov.cn/wsdt.do?method=sunshine&areacode=330200。

在互动诉求反馈方面，宁波市"统一政务咨询诉求举报平台"设置了阳光桌面，面向公众公开各地方、各级部门处理咨询、投诉、举报、建议等信件的工作效率及办理情况。宁波市政府信息公开网站中设置政策解读、热点回应专栏，通过感知热点，分类发布政策解读，对诉求进行回应（见图9），同时政策解读、热点回应均设置了主题分类、索引号、发布机构、发文日期和文件编号等信息，如"图解《宁波市人才安居实施办法》政策解读"（见图10）。此外，在政策解读方面，以行规文件为例（见图11），既有"文件图解"，又有"文件解读"，解读形式多样，具有一定的创新性。

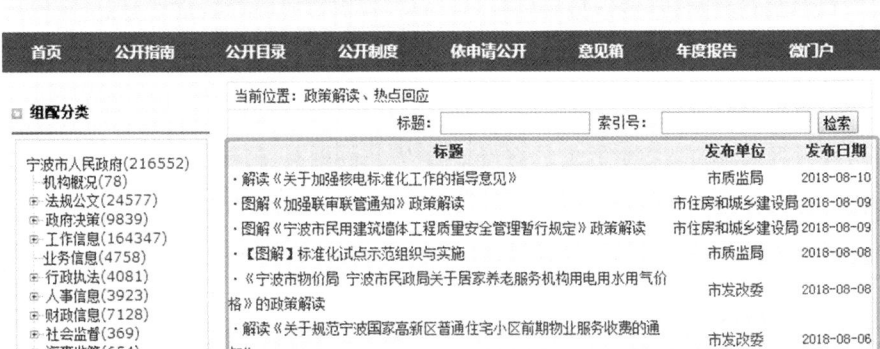

图9　宁波市政府信息公开网站的政策解读专栏

资源来源：http://zfxx.ningbo.gov.cn/col/col2746/index.html。

2.办事诉求响应能力

宁波市政府的得分率为100%，全国排名第一。如图12所示，以办理普通护照为例，网站提供了办事指南、办理流程，开通了在线办理、查看评价功能等。根据办事流程，申请人可通过机器、网上、手机App自助填表申请，相关部门受理申请后。针对符合要求的申请人，审批通过后可快递送

宁波市政府互联网服务能力研究报告

图10　宁波市人才安居实施办法政策解读

资源来源：http://zfxx.ningbo.gov.cn/art/2018/11/28/art_ 4362_ 3567996.html。

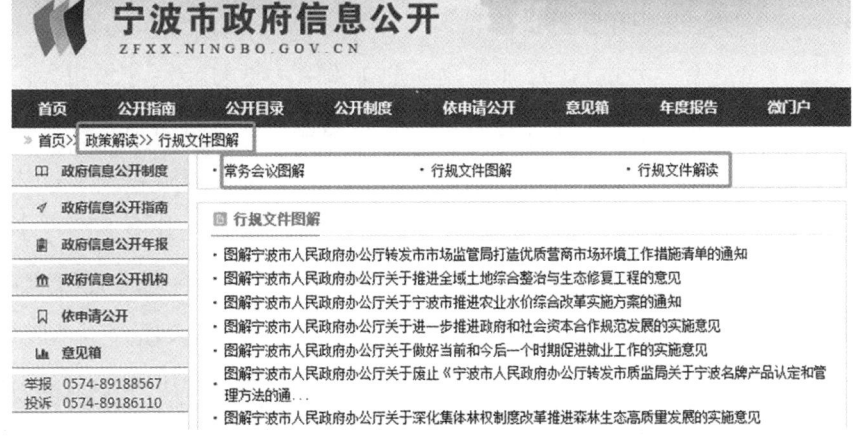

图11　宁波市政策解读

资源来源：http://zfxx.ningbo.gov.cn/col/col2516/index.html。

达或受理窗口领证,能够实现全程网办,属于"最多跑一次"的典型,达到办事诉求响应能力的四级标准。

图 12　宁波市普通护照办理流程

资料来源：http：//www. zjzwfw. gov. cn/zjservice/item/detail/index. do？impleCode = ff8080815de37958015de61bbc2222151330100755002&webId = 16&tableId = 000016。

宁波市政府为深化"最多跑一次"改革,2018 年陆续出台了《宁波市人民政府办公厅关于印发打破信息孤岛实现数据共享推进"最多跑一次"改革 2018 年工作要点的通知》(甬政办发〔2018〕66 号)、《宁波市人民政府办公厅关于印发宁波市企业投资项目"最多跑一次、最多 100 天"改革实施方案的通知》(甬政办发〔2018〕82 号)、《宁波市企业投资项目"最多跑一次、最多 100 天"改革实施方案》和《宁波市人民政府办公厅关于印发宁波市医疗卫生服务领域深化"最多跑一次"改革行动方案的通知》(甬政办发〔2018〕85 号)等政策,积极推进数据共享以及医疗卫生服务、企业投资项目等公共服务领域的深化改革,有效提升了政府服务响应能力。

(三)宁波市政府互联网服务智慧能力分析

宁波市政府在互联网服务智慧能力的 3 个指标中,智慧交互能力最好,

宁波市政府互联网服务能力研究报告

得分率为100%，与深圳市等全国10个城市并列第1位。

1. 智慧化和全面化的智能搜索

宁波市政府门户网站的搜索页面根据搜索量和频次设置了热门搜索，进入"浙里办 宁波市"的搜索页面，网站出现社保、公积金和医疗保险等热点内容（见图13、图14），具有较强的智慧化。在搜索页面搜索"公积金"，用户可进行服务类型和是否在线办理等自定义选择。此外，宁波市政府网站设置了智能客服"政小二"（见图15），企业和公众通过选择咨询的区域进行智能化搜索，并对"热点问题"进行分类，如"个人用户问题"、"法人用户问题"、"办事类问题"和"工商年报问题"。

图13 宁波市政府网智能搜索情况

资料来源：http://www.zjzwfw.gov.cn/search/query/tonewsearch.do? key = % E5% 85% AC% E7% A7% AF% E9% 87% 91&webid = 330201。

图14 宁波市政府门户网站智能搜索情况

资料来源：http://nb.zjzwfw.gov.cn/。

179

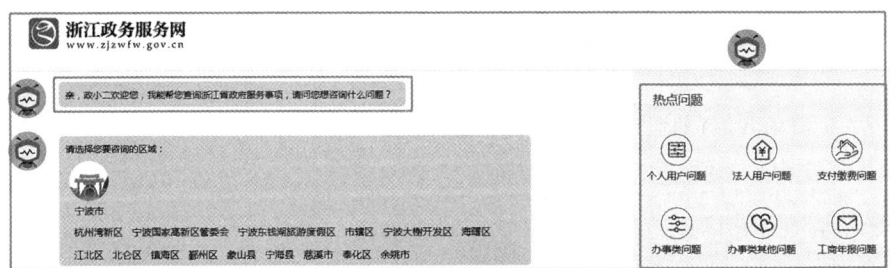

图 15　宁波市政府网智能搜索情况

资料来源：http：//www.zjzwfw.gov.cn/jfaq/xiaomi/index.do？webid=1。

2. 高准确度的智能问答

浙江省统一政务咨询投诉举报平台的微信端中，设置了网上信访，其中包括"在线智能客服"，具有人工智能问答功能，在线提问"护照"，在线智能客服可明确列出护照办理的相关准备材料和咨询电话，从智能回复的内容可以看出，智能答复真实、准确（见图16）。

图 16　浙江省统一政务咨询投诉平台微信端智能问答

三 案例启示

宁波市政府互联网服务能力持续保持创新领先水平,一方面得益于宁波市政府自身强化管理与创新,不断健全体制机制;另一方面受益于浙江省持续推进"最多跑一次"改革,强化了顶层设计,助推和带动了宁波市的政府互联网服务能力的提升。此外,宁波市强化一体化政务云建设,为服务能力提升提供了平台保障。

(一)加强政府内部循序渐进的改革与创新,积累体制机制优势

首先,在全国范围内宁波市最早开始探索审批制度改革。近年来,结合"放管服"和"最多跑一次"改革,宁波全面整合政府部门服务事项,打造政务服务"一张网"(浙江政务服务网宁波平台)。其次,宁波市率先推进智慧城市建设,形成了"宁波模式"。作为国内智慧城市建设的先行者和探路者,宁波于2010年率先系统部署智慧城市建设,并将智慧城市建设上升为市委、市政府重大战略。近年来,宁波坚持"数据驱动、业务协同、产业融合、应用升级、信息安全"的创新发展思路,深入推进网络基础设施建设、政务大数据发展、综合智慧应用建设和产业融合创新发展,取得了显著成效,形成了智慧城市建设"宁波模式",先后获得中国智慧城市建设"领军城市"、中欧绿色和智慧城市"卓越奖"、中国智慧城市示范城市、2018中国城市治理智慧化综合奖等多项荣誉。2018年获批为我国首批4大5G试验网城市之一,政府深化改革与时俱进。最后,宁波市作为浙江政务服务全流程网上审批的试点城市,分步推进网上政务服务。浙江政务服务网宁波平台于2014年6月25日正式上线,基本架构为"1+3+2",即"一个个性化服务门户",以统一界面、统一导航的原则,在全省统一门户开设宁波市网上政务服务平台,实现各类服务窗口的业务统一办理;"三大支撑平台",指业务应用平台、数据共享平台、政务云基础设施平台;"两大保障体系",指标准规范体系和安全信任体系。按照《宁波市人民政府办公厅

关于印发宁波市网上政务大厅建设工作实施方案的通知》（甬政办发〔2014〕82号）的总体部署，根据分步推进的阶段性安排，目前，平台已推出"三大主题服务"，建成"四大功能平台"。

（二）省级政府重视顶层设计，对市级政府互联网服务能力发挥制度和组织推力

浙江推行"最多跑一次"改革，"跑"在了全国前列。通过加强顶层设计和系统谋划，完善省级"'最多跑一次'指导目录"，进一步梳理规范办事指南，方便基层在具体执行中全面贯彻落实；加快政府数字化转型，促进信息系统互联互通，横向打破数据壁垒的同时，纵向打通信息共享通道，实现审批信息全上网、综合监管全入库、行政监管全覆盖。在"最多跑一次"改革的龙头牵引下，数字化转型、流程再造、简政放权等政府自身改革大刀阔斧，商事制度、城乡体制、要素资源配置市场化等经济社会重点领域改革不断深入。

自国务院提出并部署"互联网＋政务服务"以来，宁波市依托浙江政务服务网宁波平台，以"信息孤岛"问题为切入点，加快市、县两级一窗"统一受理"平台开发建设，推动行政审批服务的互通共享，着力打造跨层级、跨地域、跨系统、跨部门、跨业务的协同管理和服务。2017年8月，宁波市开发并启用市行政审批服务统一受理平台，全市42个市级部门、10个区县（市）、8个开发园区均开设了网上服务窗口，全市镇乡（街道）、村（社区）开设3121个服务站点。随着"信息孤岛"坚冰的消融，政务服务的效率和质量有了明显提升。

（三）坚持基础先行和数据驱动，为政府互联网服务提供资源保障

首先是基础先行，网络基础设施持续全国领先。宁波市互联网城域宽带出口已超7000G，城乡宽带网络平均接入能力分别达到100M和50M，4G用户数突破880万人，成功获批全国5G外场测试试验网城市之一，开通5G

试验基站并完成浙江省内首个 5G 呼叫,免费无线宽带网络 iNingbo 广泛覆盖全市主要公共场所和 400 余辆公交车。城区窄带物联网(NB-IOT)覆盖建设基本完成,已在海曙区开通服务。完成城市基础设施公共物联网平台建设,以支撑城市基础设施智能化改造。其次是数据驱动,城市大数据发展体系快速形成。2015 年,成立宁波市大数据管理局并出台《关于推进大数据发展的实施意见》,全面部署城市大数据发展战略。目前,已形成以宁波市政务云中心为核心的一体化政务云体系,集约化建设运维 97 家单位的 213 个系统,汇聚政务有效共享数据 16.13 亿条,开放 20 类主题 408 个资源共 130 万条政务数据,并可提供注册用户数据下载、API 接口服务等服务。

参考文献

高聪颖:《推进行政审批制度改革:宁波的实践与思考》,《改革与开放》2016 年第 11 期。

何增科:《地方政府创新的微观机理分析——浙江省"最多跑一次"改革案例研究》,《理论与改革》2018 年第 5 期。

邵一琼:《"最多跑一次"改革的宁波实践与经验》,《宁波日报》2018 年 4 月 26 日。

邢黎闻:《新型智慧城市建设看宁波》,《信息化建设》2017 年第 9 期。

叶春华:《智慧城市建设的"宁波实践"》,《宁波通讯》2018 年第 21 期。

赵光勇等:《"放管服"改革:政府承诺与技术倒逼——浙江"最多跑一次"改革的考察》,《甘肃行政学院学报》2018 年第 3 期。

《宁波市新型智慧城市建设的探索与实践》,凤凰网,2018 年 8 月 31 日。

B.12
宜昌市政府互联网服务能力研究报告

杨柳 高天鹏*

摘　要： 宜昌经过十多年的努力，先后经历了智慧政务、智慧治理、智慧民生三个阶段的迭代创新，形成了"宜昌新型智慧城市一体化建设模式"。在2019年全国地方政府互联网服务能力评价中，宜昌市的互联网服务能力有了飞速提升，总体排名从第187位上升至第12位，其中互联网服务响应能力排名全国第一，提升幅度为52.30个百分点。宜昌市互联网服务能力的迅速提升与其重点围绕互联网服务而采取的一系列举措密不可分，可为其他城市发展政府互联网服务提供参考借鉴。

关键词： 宜昌政务服务　宜昌互联网服务　新型政务服务体系　智慧城市

一　案例背景

作为国家智慧城市，社会治理创新、信息惠民试点城市，宜昌市认真总结吸取电子政务、智慧城市建设的成果及经验教训，大胆实践创新，经过十多年的努力，先后经历了智慧政务、智慧治理、智慧民生三个阶段的迭代创新，探索出了智慧社会建设的有效途径，形成了"宜昌新型智慧城市一体化建设模式"。

---

* 杨柳，电子科技大学公共管理学院博士后，研究方向为电子政务与智慧社会；高天鹏，电子科技大学公共管理学院副教授，研究方向为数据开放、政府数据治理。

宜昌市的智慧社会建设从2007年全面启动，市委、市政府下发了《关于加快推进电子政务建设的意见》（宜发〔2007〕9号），创新构建了"六统一"（财政信息化资金项目统一规划、统一采购、统一建设、统一验收、统一监理、统一资金拨付）的管理机制，推进信息资源的整合与共享。经过三年多的努力，通过整合部门专网，形成了全市"一张网、一张图、一个数据交换"共享平台，初步形成了电子政务建设大统一格局。随着宜昌被列入全国社会治理创新试点城市，市委、市政府下发了《宜昌市社会服务管理创新综合试点工作实施意见》（宜发〔2010〕15号），以大统一电子政务建设为基础支撑，探索出了以人为本、网格化管理、信息化支撑、全程化服务的"一本三化"宜昌社会治理模式。之后，宜昌先后被确定为国家智慧城市试点和全国信息惠民示范城市，以此为契机，宜昌创新构建了全生命周期、全天候、全人群覆盖的智慧民生体系。宜昌市由最初的智慧政务，发展到后续的智慧治理，并逐渐实现了智慧民生，成就了三个阶段的迭代创新。为加深智慧社会建设，宜昌又先后下发了《关于建设"智慧宜昌"的决定》（宜发〔2014〕7号）、《宜昌市信息化建设项目管理办法》（宜府办发〔2015〕54号）和《加快智慧宜昌建设三年行动计划（2016～2018）》。2018年，宜昌制定并实施了《深化"放管服"改革持续推进政府职能转变实施方案》和《深化"互联网+政务服务"推进"一网、一门、一次"改革实施方案》，有效促进简政放权和事中事后监管的实现，并推动政务服务"一网通、一门进、一次办"的实现。

仅仅用了十多年的时间，宜昌这座在并不具备先天优势，甚至被贴上"信息孤岛"标签的城市，走出了一条智慧城市"一体化"建设的新路子。尤其是在2019年全国地方政府互联网服务能力评价中，宜昌市政府的互联网服务能力有了飞速提升，其中互联网服务响应能力排名全国第一，这得益于其在互联网服务方面进行的创新探索和实践，对其他城市互联网服务能力的发展具有重要的借鉴意义。

二 案例分析

2019年报告数据显示，宜昌市政府互联网服务能力得分为80.51分，其中，服务供给能力、响应能力和智慧能力的得分分别为29.20分、39.62分和11.68分，相应的得分率分别为73.00%、99.05%和58.40%。数据表明，宜昌市政府的互联网服务响应能力较强，其次为服务供给能力，而服务智慧能力则稍显逊色。

与上年相比，宜昌市政府互联网服务能力获得了很大幅度的提升，总体排名从第187位上升至第12位，总体上升达175位。从得分率来看，与上年相比，宜昌市政府互联网服务供给能力、响应能力和智慧能力均有所提升（见表1）。其中，涨幅最大的为服务响应能力，提升幅度为52.30个百分点。涨幅较大的为服务智慧能力，提升幅度为13.10个百分点。而服务供给能力的涨幅较小，提升幅度仅为2.1个百分点，与上年基本持平。

表1 宜昌市互联网服务能力的年度比较

单位：分，%

项目	2019年报告		2018年报告	
	得分	得分率	得分	得分率
服务供给能力	29.20	73.00	28.36	70.90
服务响应能力	39.62	99.05	18.70	46.75
服务智慧能力	11.68	58.40	9.06	45.30

资料来源：根据《中国地方政府互联网服务报告（2019）》的基础数据，由作者统计整理得到。

（一）宜昌市政府互联网服务供给能力分析

2019年报告数据显示，宜昌市政府互联网服务供给能力得分为29.20分，排名第33位，虽然相比上年数据，得分率提升幅度不大，但整体排名上升了，说明宜昌市互联网服务供给能力相对提升幅度较大。就服务供给能力的细分维度而言，目录覆盖能力、服务贯通能力和应用整合能力的得分分别为8.10分、15.10分和6.00分，相应的得分率分别为67.50%、94.38%和50.00%。与2018年相比，服务贯通能力提升了9.38个百分点，提升幅度最大，排名第1位，这表明宜昌市互联网服务贯通能力相比全国其他城市，已经达到了较高水平。应用整合能力提升幅度较小，与上年基本持平。

1. 融合贯通的政务服务平台

宜昌市政府的互联网服务贯通能力排名第 1 位,其中,社保领域、教育领域、就业领域、住房领域、企业经营纳税和企业创业领域的得分率均为 100%,其次为交通领域,得分率为 90.00%,最后为医疗领域和企业注册开办,得分率分别为 84.00% 和 82.00%。与上年相比,企业创业领域的得分率提升了 30.21 个百分点,提升幅度最大。提升幅度较大的分别为社保领域、医疗领域、企业注册开办,分别提升了 15 个、14 个和 12.08 个百分点。而就业领域、住房领域以及企业纳税经营,两年得分率均为 100%,说明发展水平较高,且较为稳定。

宜昌市政府较高的服务贯通能力离不开其融合贯通的政务服务平台。宜昌市按照服务类型不同为公众提供了各类办事服务的有效入口,个人与企业均可以根据需要选择不同的入口进入。宜昌市政府为个人和企业提供的服务具备非常高的贯通能力,能有效地帮助公众及时有效地获取相关信息,并解决相应问题。不仅如此,宜昌市政务服务网在不断地改进、完善,不断推出新的办事模块,例如"个人办事"中新上线的"二手房转移登记"和"市民卡(社保卡)申请","法人办事"中新上线的"市民卡(社保卡)申请"(见图 1),持续的优化改进提升了宜昌市政府的互联网服务贯通能力,为公众提供了更为便捷的网上办事平台。

由于企业创业领域的得分率提升幅度最大,因此以宜昌市企业注册开办为例,来对宜昌市政务服务网进行说明。进入"开办企业"界面后,可以清晰地看到开办企业"一窗办"服务流程,每个阶段都有详细的文字说明,并可直接点击进入,方便公众对开办企业的不同阶段进行更为细致的了解。同时,该界面还设置了"我的办件"以及"办理进度查询",可以便捷地对自己的企业开办进度进行查询,真正实现了开办企业"一窗办"网上服务。

除此之外,为营造良好的营商环境,降低企业创业成本,宜昌市智慧办和市工商局大力合作,聚焦增补了"云签名"电子签名模式,并在市政服务中心工商窗口登记企业中首先运行。"云签名"脱离了实体 UKEY,申请人只需要利用智能手机,在家里就可以轻松完成数字证书领取、电子化平台签名,对"互联网+政务服务"来说是一个重大突破。同时,宜昌围绕

图1 宜昌市服务事项在线整合

资料来源：http://61.136.223.44/web2/src/index/index.html。

"简政放权"和"降低门槛、减少环节"等便利化核心目标，大胆先行先试，在湖北省率先探索"三证同发""先照后发""简易注销"，在全国率先探索企业登记的"三证合一"、个体工商户"两证合一"等系列登记制度改革和工作创新，为企业提供了良好的营商环境。

2. 系统集成的应用平台

宜昌市政府互联网服务的应用整合能力整体提升幅度较小。从其细分维度来看，平台应用能力提升了10个百分点，提升幅度较大，平台整合能力提升了5个百分点，数据开放能力没有变化。除了建立完善的宜昌市政务服务网之外，宜昌市政府网站系统还集成了多种应用，包括网上办事、网络互动和数据开放等，有效为公众和企业提供"一站式"服务。

在网上办事方面，宜昌市人民政府网站根据不同的办事类型对事务进行了划分，公众或企业可以根据自己的需要点击查看，并办理相关事宜。在网

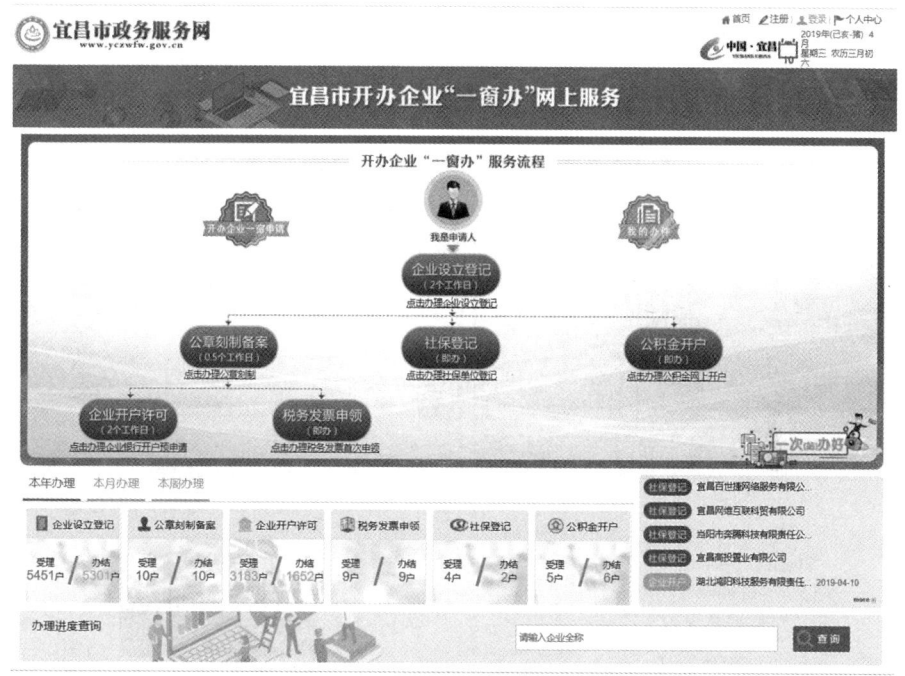

图 2　宜昌市开办企业"一窗办"服务流程

资料来源：http://61.136.223.44/web2/src/index/index.html。

络互动方面，该网站设置了留言版块并公开了市长信箱、市长热线，方便公众及时对问题进行反馈和咨询。同时，该网站还对民生热点、新闻发布会和调查征集进行了公布，这些都有利于促进公众和政府的有效互动。在数据开放方面，宜昌市政府在网站上公布了最新数据，为公众和企业提供数据开放、共享、应用及推广等服务。同时，宜昌市人民政府网站设置了"政务公开"版块，其中既包括政府文件和招标采购的情况，还对公开事项进行了分类，并在下方公布了公开指南、公开年报、公开目录以及依申请公开，公众可以直接点击自己感兴趣的事宜进行查看。此外，该平台在最下方还设置了不同级别政府网站的引导，为公众进入其他政府网站提供了便捷。

（二）宜昌市政府互联网服务响应能力分析

2019 年报告数据显示，宜昌市政府互联网服务响应能力得分为 39.62

图 3　宜昌市互联网平台整合及应用

资料来源：http://www.yichang.gov.cn/。

分，整体排名第一，增幅明显。就服务响应能力的细分维度而言，宜昌市的诉求受理能力和办事诉求响应能力得分均为满分（见表2），与上年数据相比，得分率提升幅度分别为72.67个百分点和35.71个百分点，说明宜昌市在过去一年里，在诉求受理和办事诉求响应方面做出了较大努力并有了较大提升。互动诉求反馈能力虽然较其他两项能力稍显逊色，但仍然保持了较高的增幅，得分率为97.29%，增幅为51.43个百分点。

表2　宜昌市互联网服务响应能力细分维度的年度比较

单位：分，%

项目	2019年报告		2018年报告	
	得分	得分率	得分	得分率
诉求受理能力	12.00	100	3.28	27.33
办事诉求响应能力	14.00	100	9.00	64.29
互动诉求反馈能力	13.62	97.29	6.42	45.86

资料来源：根据《中国地方政府互联网服务报告（2019）》的基础数据，由作者统计整理得到。

（1）便捷的诉求受理渠道

诉求受理能力的细分维度中，互动诉求受理能力和办事诉求受理能力得分率均为100%，均排名第一位，较上年相比，提升幅度分别为49.33个和96.00个百分点，增幅明显，这与宜昌市建立了完善的互动平台密切相关（见图4）。宜昌市人民政府设立了完善的政府与公众的互动平台，并在醒目的位置标注了公众咨询、投诉和举报入口，同时公布了热线电话、市长热线以及各个办事部门的信箱，方便公众及时向政府部门咨询并得到反馈意见。

图4　宜昌市人民政府互动平台

资料来源：http://lm.yichang.gov.cn/。

在诉求提交便捷程度方面，宜昌市人民政府互动平台提供了清晰的诉求说明和提交引导。同时，该平台还提供了过往用户的相关留言，以及求助常识，方便公众对相关问题进行查看，具体如图5所示，以便及时获取解决方案，这些都有利于提升宜昌市政府的诉求受理能力。

图5　宜昌市人民政府对公众诉求的操作提示

资料来源：http://lm.yichang.gov.cn/index.php?bT1jYXNlJmM9YWRkJnQ9Mw==。

（2）清晰可查的网办深度

办事诉求响应能力方面，宜昌市依托湖北政务服务网，提供了各项办事指南，并在醒目位置标明了各事项的网办深度，公众可以对各事项的网办深度进行查询，具体如图6所示。以宜昌市护照审批办事指南为例，公众可通过电话、微信等预约服务，在窗口提交申请，并通过电话、窗口查询办理进度与结果，申请人可选择邮寄送达的方式获取护照，是典型的三级标准办事事项，也符合本评价指标对护照办理标准的定位。

宜昌市政府互联网服务能力研究报告

图6 宜昌市自然人办事指南

资料来源：http://zwfw.hubei.gov.cn/lawguide/geren_faren_banshi/grbanshi.jspx?type=0。

（3）及时有效的诉求反馈

互动诉求反馈能力的细分维度中，诉求回复响应得分为5.60分，得分率为100%，相比上年有较大提升。诉求回复应用得分为4.20分，得分率为100%，与上年的100%得分率持平，说明宜昌市的诉求回复应用能力水平较高。主动感知能力得分为3.82分，得分率为90.95%，与上年数据相比上升了0.95个百分点。宜昌市较高水平的互动诉求反馈能力与宜昌市建立的完善的互动平台密切相关。

宜昌市人民政府互动平台在较为核心的位置展示了公众的投诉举报信息和各个部门对公众意见的最新回复，方便公众对相关事宜的查询以及对政府办公的监督。与此同时，该互动平台还在醒目的位置设置了热点推荐和最新办件，对公众较为关心的问题进行了整理发布，方便公众查询。此外，从图7可见，互动平台还公布了各部门对公众咨询、投诉和举报事件的办结数量，以及公众对办结事项的满意度。宜昌市政府各部门办结率较高，且办事较为及时，超期办事的比例较低，群众对各部门办事的满意度也较高。及时的信息公开和透明的满意度评价制度保障了公众对各部门办事的充分监督，促进各部门对公众诉求及时有效反馈，从而提升宜昌市政府的互动诉求反馈能力。

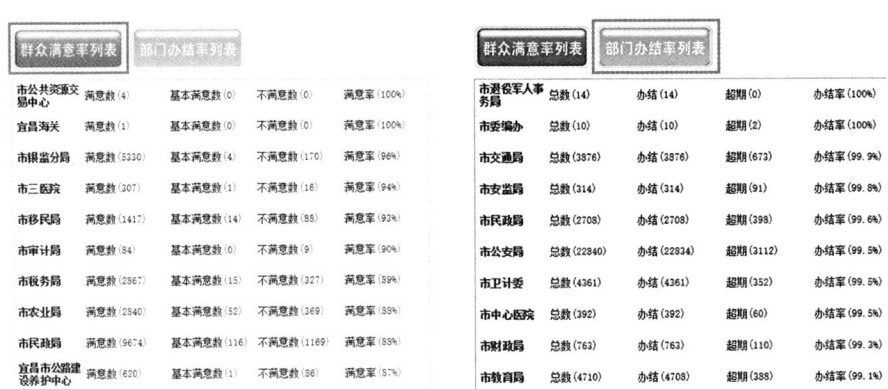

图7 群众满意率及部门办结率列表

资料来源：http://lm.yichang.gov.cn/index.php?bT10b25namkmYz1teWw=。

除此之外，宜昌市人民政府网页专门设置了"决策解读"专栏（见图8），以加强政策解读。宜昌市牢牢把握推动高质量发展的根本要求，重点抓好防范化解重大风险、精准脱贫、污染防治三大攻坚战相关政策措施的解读工作，密切关注市场预期变化，主动引导舆论，为推动政策落实营造了良好环境。宜昌市为丰富政策解读形式，对政府常务会议和其他重大会议、政策专门制作图解，以强化公开效果。2018年全年制作图解26期，并同步通过政务新媒体进行推介，阅读量达28余万人次，这都有利于提升宜昌市政府互联网服务的主动感知能力。

（三）宜昌市政府互联网服务智慧能力分析

宜昌市政府互联网服务智慧能力得分为11.68分，整体排名为第188位，与上年数据相比，能力有所提升。就服务智慧能力的细分维度而言，应用适配能力提升幅度最大，得分率从63.25%上升至92.25%，提升了29.00个百分点。智慧交互能力则与上年持平，得分率均为50.00%。

宜昌市政府互联网服务能力研究报告

图 8　宜昌市人民政府的政策解读

资料来源：http：//www.yichang.gov.cn/list-56130-1.html。

1. 灵活兼容的应用适配

宜昌市政府互联网服务的应用适配能力提升幅度较大，就其细分维度而言，功能适配度的得分为5.2分，得分率为100%。这是由于宜昌市网站在不同的客户端，例如电脑端、手机端和平板端的包容度非常高，网站的浏览不因设备的不同而有障碍。同时，网站端和移动端在不同浏览器的兼容程度也较高，并面向视觉和听觉障碍的人群提供了无障碍版本，满足不同人的差异化需求。就应用适配能力的另一细分维度——应用拓展度而言，其得分为2.18分，得分率为77.86%。除了在搜索引擎上能直接搜索到宜昌市政府的官方信息外，宜昌市政府网站的内容还可以在多个平台和终端，以及社交媒体上拓展应用，这些保障了宜昌市政府互联网较高的应用适配能力。

2. 优化的智能交互系统

宜昌市政府互联网服务的智能交互能力发展较为稳定，就其细分维度而言,智能搜索得分率为100%,这与宜昌市在网站、社交媒体和政府服务平台提供的完善的智能搜索功能紧密相关。宜昌市人民政府网在醒目的位置设置了搜索专栏,供公众对各事项进行便捷搜索,并可对搜索结果根据时间进行排序,有效实现了智能搜索功能。同时,在搜索专栏下方,推荐了热门搜索关键词,为公众及时了解热门话题提供了便捷。

宜昌市政府在智能交互能力的另一细分维度——智能问答方面也表现突出。宜昌市人民政府网在醒目位置设置了智能机器人,为公众提供了优化的智能交互系统(见图9)。在智能问答界面,宜昌市人民政府不但为公众提供了搜索框,方便公众对感兴趣问题直接提问,还在网页上用大篇幅对公众可能感兴趣的问题进行分类,对公众进行分类引导,有利于帮助公众解决疑问。为测试机器人回复问题的准确程度,以"社保缴纳"为例在搜索框中进行了提问,机器人回复的内容包括政务公开和互动交流两部分,且回复内容均与社保缴纳相关性较强,说明机器人对问题的识别和回复较为精准,能够有效为公众提供服务。

图9 宜昌市人民政府网的智能问答

资料来源:http://robot.yichang.gov.cn/。

三 案例启示

宜昌市政府互联网服务能力2019年实现了大幅度提升,其中,互联网服务响应能力提升幅度较大，紧随其后的是互联网服务智慧能力，而服务供给能力提升幅度较小。宜昌市互联网服务能力的迅速提升与其重点围绕互联网服务而采取的一系列举措密不可分，对其他城市发展政府互联网服务具有启示作用。

（一）围绕法治政府建设做好信息公开

2018年，宜昌市按照《湖北省人民政府办公厅关于印发2018年政务公开和政务服务工作要点的通知》要求，先后下发了《宜昌市智慧城市建设办公室关于印发重大建设项目批准和实施领域政府信息公开工作主要任务分解方案的通知》（宜智慧办〔2018〕11号）、《宜昌市2018年政务公开工作要点的通知》（宜智慧办〔2018〕12号）、《宜昌市智慧城市建设办公室关于印发公共资源配置领域政府信息公开工作主要任务分解方案的通知》（宜智慧办〔2018〕13号）、《宜昌市智慧城市建设办公室关于印发社会公益事业建设领域政府信息公开工作重点任务分解方案的通知》（宜智慧办〔2018〕17号），围绕法治政府建设、重点领域、政策解读、舆情回应等方面做好主动公开，同时加强政府信息公开审查工作、不断完善依申请公开工作规范，有序推进全市政务公开工作。

宜昌市各级政府及部门均通过政府信息公开系统主动公开信息，2018年总计公开信息100090条，公开的信息主要包括机构职能类信息，政策、规范性文件类信息，规划计划，工作信息，人事信息，机关建设信息等48681篇；为民办事服务类信息1946篇；重点领域信息公开19897篇；市外宣办全年共召开新闻发布会70次。宜昌市人民政府网是其信息公开的第一平台，"政府信息公开"栏目可查阅市政府及各部门和县市区主动公开的政府信息。同时，宜昌市全国首创自主开发信息公开小程序，实现116个标签可订阅，并获评电子政务理事会"2018政务公开精品栏目"。

（二）围绕"互联网+"打造综合服务平台

宜昌市2018年服务贯通程度较高，得益于其全力打造的综合服务平台。宜昌市深度整合现有行政审批及政务服务系统、网上办事大厅、社区综合服务信息系统、"12345"市长热线、社会矛盾联动化解信息系统以及部门专业系统等,建设了全市统一的一体化、跨部门、跨层级、跨行业信息惠民公共服务平台,构建了"多前端+大后台"的新型政务服务体系。同时,宜昌市建立了跨部门的信息共享和业务协同,提高了部门间横向集约化服务能力,通过平台完成了与各部门业务系统的有效对接,实现了相关业务数据、结果同步推送和业务协同办理,有效解决了群众办事"多头跑、重复跑"的问题,实现了公民、企事业单位和社会组织办事一次认证、无缝切换、多点服务,办事相关证明材料一次采集、统一存储、共享共用的良好局面。

2018年,宜昌市进行了一系列改革,提升了互联网的服务贯通能力。首先,以企业和群众办好"一件事"为标准,公开"一次办"清单577项,建立并公布"马上办、网上办、就近办"清单。其次,深化行政审批"三集中、三到位",全市39个部门(单位)整合职责进驻中心,集中办理794项审批事项,市级项目进驻率达91%。之后,制订出台《关于推进企业开办一窗受理 进一步压缩企业开办服务流程的实施方案》,企业"注册登记、公章刻制、申领发票、社保登记、公积金登记"五个环节3个工作日完成,银行开户2个工作日办结,办事效率居湖北省领先水平。2018年11月,宜昌市实现省、市、县、乡、村互联网+政务服务"五级联通",市级审批事项"一网通办"。

(三)围绕社会重大关切主动回应

宜昌市互联网服务响应能力在2018年获得飞速提升,这与其加强舆情回应、提高诉求受理和诉求响应能力密切相关。2018年,宜昌市积极回应社会关切,市智慧办和市网管办积极配合,及时了解各方关切,有针对性地做好回应工作,有重大突发事件时,及时召开新闻发布会。同时,宜昌市积极发挥新媒体作用,积极运用"宜昌发布"微博、微信新媒体平台发布信息、解读政策,引领舆论,对重要会议活动、重大决策部署、经济运行和社会发展重要动态等信息及时发布。对重大政策设专栏、做专题或视频访谈解读,其中包括"推进就近就业 宜昌今年采取哪些措施"在线访谈、"推进

义务教育均衡发展　全面提升教育整体水平"在线访谈、铁腕禁违、生态小公民、扫黑除恶进行时等。对社会关注度高的决策事项发布意见征集，包括城区部分道路命名、宜昌市电动自行车管理、城区巡游出租车调价等若干意见征集。

2018年，宜昌市结合实际对依申请公开模板进行优化，减少申请人不必要的信息填报，完善查询功能，增加手机实名验证功能，并形成依申请公开办件处理答复规范，实现依申请公开答复规范化。以宜昌市人民政府网站为例，2018年，宜昌市人民政府网发布了30019条信息，其中，解读信息130条，回应公众关注热点或重大舆情37次。在办事服务中，宜昌市人民政府网上办事服务注册用户113123个，政务服务事项数量为4960项，可全程在线办理政务服务事项数量为1129项。在互动交流中，宜昌市人民政府留言办结率为100%，平均办理时间仅为3天，征集调查17期，在线访谈10期，并答复了438个网民针对在线访谈的提问。

参考文献

丁国胜、宋彦：《智慧城市与"智慧规划"——智慧城市视野下城乡规划展开研究的概念框架与关键领域探讨》，《城市发展研究》2013年第8期。

辜胜阻、王敏：《智慧城市建设的理论思考与战略选择》，《中国人口·资源与环境》2012年第5期。

郭骅、屈芳、战培志：《智慧城市信息共享服务模式及其应用研究》，《情报杂志》2017年第4期。

韩兆柱、马文娟：《"互联网+"背景下智慧城市建设路径探析》，《电子政务》2016年第6期。

王俊：《从电子政务、智慧城市到智慧社会——智慧宜昌一体化建设实践探析》，《电子政务》2018年第5期。

张丙宣、周涛：《智慧能否带来治理——对新常态下智慧城市建设热的冷思考》，《武汉大学学报》（哲学社会科学版）2016年第1期。

智慧城市发展研究课题组：《"十三五"我国智慧城市"转型创新"发展的路径研究》，《电子政务》2016年第3期。

附 录

Appendices

B.13

2019年中国地方政府互联网服务能力评价指标与权重

表1 政府互联网服务能力评价指标与权重

单位：%

一级指标	权重a	二级指标	权重b	三级指标	权重c	综合权重a×b×c
服务供给能力	40	目录覆盖能力	30	责任清单	25	3
				权力清单	25	3
				政府信息公开目录	25	3
				公共服务清单	25	3
		应用整合能力	30	平台整合能力	40	4.8
				平台应用能力	45	5.4
				数据开放	15	1.8
		服务贯通能力	40	社保领域	12	1.92
				教育领域	8	1.28
				医疗领域	12	1.92
				就业领域	8	1.28
				住房领域	8	1.28
				交通领域	8	1.28
				企业注册开办	16	2.56
				企业经营纳税	14	2.24
				创新创业领域	14	2.24

2019年中国地方政府互联网服务能力评价指标与权重

续表

一级指标	权重a	二级指标	权重b	三级指标	权重c	综合权重a×b×c
服务响应能力	40	诉求受理能力	30	互动诉求受理能力	50	6
				办事诉求受理能力	50	6
		办事诉求响应能力	35	网上政务服务办理一级标准	20	2.8
				网上政务服务办理二级标准	20	2.8
				网上政务服务办理三级标准	30	4.2
				网上政务服务办理四级标准	30	4.2
		互动诉求反馈能力	35	诉求回复响应能力	40	5.6
				诉求回复应用能力	30	4.2
				主动感知能力	30	4.2
服务智慧能力	20	应用适配能力	40	功能适配度	65	5.2
				应用拓展度	35	2.8
		智能交互能力	40	智能搜索能力	50	4
				智能问答能力	50	4
		个性化服务能力	20	定制服务能力	75	3
				智能推送能力	25	1

注:"办事诉求响应能力"参照国办函〔2016〕108号文对"网上政务服务办理深度四级标准"的定义分网上政务服务办理四级标准进行评价。

B.14
2019年中国地方政府互联网服务能力评价指标含义与解释

一 服务供给能力

服务供给能力是评价政府通过互联网主动提供服务的能力，包括政府各目录清单的覆盖程度、办事服务的贯通能力以及各网上平台的整合效果。

（一）目录覆盖能力

目录覆盖能力是基于国家相关政策法规要求界定服务的边界与范围，评价政府互联网服务供给的完备度、准确度。其评价点位为责任清单、权力清单、政府信息公开目录、公共服务清单。

1. 责任清单

依据《国务院办公厅关于印发国务院部门权力和责任清单编制试点方案的通知》（国办发〔2015〕92号）等文件要求，对各地责任清单的编制与公布情况进行评价，包括是否按要求公开标准化责任清单，是否按要求公开事项名称、设定依据、追责情形等要素。

2. 权力清单

依据《国务院办公厅关于印发国务院部门权力和责任清单编制试点方案的通知》（国办发〔2015〕92号）、《关于推行地方各级政府工作部门权力清单制度的指导意见》等文件要求，对各地权力清单的编制与公布情况进行评价，包括是否按要求公开标准化权力清单，是否按要求公开事项名称、权力类型、设定依据等要素。

3. 政府信息公开目录

依据《中华人民共和国政府信息公开条例》要求，对各级政府编制和公布政府信息公开目录、公开指南情况进行评价。依据《国务院办公厅关于印发 2018 年政务公开工作要点的通知》（国办发〔2018〕23 号），对 2018 年部分重点领域政务公开情况进行评价。

4. 公共服务清单

根据《国务院关于印发"十三五"推进基本公共服务均等化规划的通知》（国发〔2017〕9 号）等文件要求，对各级政府推进落实、公布基本公共服务清单情况进行评价，包括是否公布公共服务清单，是否按标准公布服务项目、服务对象、责任单位等要素。

（二）应用整合能力

应用整合能力是在政府互联网服务平台集约化的趋势下，基于政府内部服务资源的调配、共享与应用，评价政府各互联网服务平台的整合程度和应用效果。评价点位为平台整合能力、平台应用能力和数据开放。

1. 平台整合能力

依据《国务院办公厅关于印发政务信息系统整合共享实施方案的通知》（国办发〔2017〕39 号）、《国务院办公厅关于印发政府网站发展指引的通知》（国办发〔2017〕47 号）、《进一步深化"互联网+政务服务"推进政务服务"一网、一门、一次"改革实施方案》（国办发〔2018〕45 号）、《国务院办公厅关于推进政务新媒体健康有序发展的意见》（国办发〔2018〕123 号）等文件要求，评价各地政府信息公开、政务服务、互动交流和政务新媒体等互联网平台的整合情况。

2. 平台应用能力

基于各地互联网平台的整合情况，评价各地政府信息公开、政务服务、互动交流、政务新媒体等互联网平台区域纵向延伸、部门横向覆盖和移动端服务水平和应用效果。

3. 数据开放

依据《国务院关于印发促进大数据发展行动纲要的通知》（国发〔2015〕50 号）、《国务院办公厅关于印发政府网站发展指引的通知》

（国办发〔2017〕47号）等文件要求，评价各地政府互联网数据开放平台的建设情况，包括数据开放行业领域覆盖度、数据开放技术应用实现度等。

（三）服务贯通能力

服务贯通能力是在清晰的服务框架下，评价政府基于公众需求通过互联网对特定领域各类服务资源供给的整合度、贯通度。评价点位为社保、教育、医疗、就业、住房、交通、企业注册开办、企业经营纳税、创新创业共9个社会公众关注度较高的领域及部分重点服务事项。

1. 社保领域

从公众实际需求出发，对各地社保的互联网服务贯通能力进行评价，包括是否涵盖养老保险、工伤保险等具体点位服务，是否融合贯通政策、办事、沟通交流等各类服务内容。

2. 教育领域

从公众实际需求出发，对各地教育的互联网服务贯通能力进行评价，包括是否涵盖小学入学、小升初等具体点位服务，是否融合贯通政策、办事、沟通交流等各类服务内容。

3. 医疗领域

从公众实际需求出发，对各地医疗的互联网服务贯通能力进行评价，包括是否涵盖看病就医、疫苗接种等具体点位服务，是否融合贯通政策、办事、沟通交流等各类服务内容。

4. 就业领域

从公众实际需求出发，对各地就业的互联网服务贯通能力进行评价，包括是否涵盖失业登记、人才档案等具体点位服务，是否融合贯通政策、办事、沟通交流等各类服务内容。

5. 住房领域

从公众实际需求出发，对各地住房的互联网服务贯通能力进行评价，包括是否涵盖公租房申请、公积金等具体点位服务，是否融合贯通政策、办事、沟通交流等各类服务内容。

6. 交通领域

从公众实际需求出发，对各地交通的互联网服务贯通能力进行评价，包括是否涵盖机动车检验、机动车驾驶证等具体点位服务，是否融合贯通政策、办事、沟通交流等各类服务内容。

7. 企业注册开办

从公众实际需求出发，对各地企业开办的互联网服务贯通能力进行评价，包括是否名称预先核准、证照办理等具体点位服务，是否融合贯通政策、办事、沟通交流等各类服务内容，是否针对服务办理简化要求对企业注册开办进行流程简化等。

8. 企业经营纳税

从公众实际需求出发，对各地企业纳税的互联网服务贯通能力进行评价，包括是否涵盖税务登记、税收优惠等具体点位服务，是否融合贯通政策、办事、沟通交流等各类服务内容。

9. 创新创业领域

从公众实际需求出发，对各地创新创业的互联网服务贯通能力进行评价，包括是否涵盖项目申报、资金支持等具体点位服务，是否融合贯通政策、办事、沟通交流等各类服务内容。

二 服务响应能力

服务响应能力是基于政府互联网诉求提交渠道建设运行情况，评价政府诉求回应能力和线下服务办理能力，包括政府对公众服务的诉求受理能力，以及办事和互动诉求的响应能力、反馈能力。

（一）诉求受理能力

诉求受理能力是评价公众通过互联网向政府提交诉求的便捷度和顺畅度。评价点位为互动诉求受理能力和办事诉求受理能力。

1. 互动诉求受理能力

评价公众通过网上信箱（"12345"平台）、咨询平台、信访平台等政府互联网互动平台提交诉求的便捷度和顺畅度，包括有无提交引导、填写指南，有无微博、微信等多渠道受理等。

2. 办事诉求受理能力

评价公众通过互联网向政府提交办事诉求的便捷度和政府互联网办事服务平台受理服务的规范度，包括有无提交引导、流程图，是否可通过多微多端进行多渠道受理等。

（二）办事诉求响应能力

办事诉求响应能力是评价政府对公众办事诉求的响应能力。依据《国务院办公厅关于印发"互联网＋政务服务"技术体系建设指南的通知》（国办函〔2016〕108号）中关于"网上政务服务办理深度四级标准"的说明，将办事诉求响应能力转换为本评价指标的网上政务服务办理四级标准。本次评价选择全国大部分地区均可办理的服务事项与网上政务服务办理四级标准进行验证与匹配，以分析判断其办事诉求响应能力。

网上政务服务办理一级标准。该事项可以提供详细的办事指南、网上咨询和投诉渠道，但无法提供网上办理，需到现场提交办理。

网上政务服务办理二级标准。该事项可进行网上材料预审，预审通过后，申请人仍需携带纸质材料和相关证件到现场提交办理，做出办理决定后，申请人可来现场领取结果，也可选择物流递送形式递送证书结果。整个办理过程应到现场不超过2次。

网上政务服务办理三级标准。该事项可进行网上预审与核验，申请人可通过网络提交和补正相关申请信息和材料，材料符合办理条件直接进入办理程序，申请人可网上查询办理状态、咨询问题，做出办理决定后，需到现场核验原件材料、缴费后领取办件结果或物流递送结果。整个办事过程应到大厅现场不超过1次。

网上政务服务办理四级标准。该事项已经实现全程网办，可以通过网络提交和补充相关申请信息和材料，受理通过后直接进入办理程序，申请人可网上查询办理状态、咨询问题，做出办理决定后，可以通过网上缴费后物流递送证书结果。整个办事过程无须到现场办理。

（三）互动诉求反馈能力

互动诉求反馈能力是评价政府对公众互动诉求提交的反馈能力。依据《国务院办公厅关于进一步加强政府信息公开回应社会关切提升政府公信力的意见》（国办发〔2013〕100号）的要求，政府应通过互联网响应公众咨询投诉、建言献策、反映情况的需求，并及时回应社会关切，提升政府公信力；国办《2018年政务公开工作要点》也明确提出要围绕社会重大关切加强舆情回应。本评价指标将互动诉求反馈能力转换为诉求回复的时效与质量、常见诉求回复应用整理和主动感知社会关切等能力。评价点位为诉求回复响应能力、诉求回复应用能力和主动感知能力。

诉求回复响应能力。基于政府互动渠道运行机制，评价政府回复公众互动诉求的时效性、准确性。

诉求回复应用能力。基于政府互动渠道功能设置，评价政府对公众诉求意见的整合度、应用度。

主动感知能力。主要针对政府回应要求，评价政府对公众重要诉求的回应效果，主要包括政府是否通过专栏回应热点舆情，是否开展多种方式的政策解读，是否通过采集全互联网公众关注数据，主动感知公众最为集中的诉求。

三 服务智慧能力

服务智慧能力评价政府基于公众多元化需求与体验，依托互联网、大数据、人工智能、云计算等信息技术提供个性化、精准化服务的能力。

（一）应用适配能力

应用适配能力评价政府各互联网平台的技术应用能力和适配效果。评价点位为功能适配度和应用拓展度。

功能适配度。评价政府各互联网平台对于公众访问的适配程度，主要包括评价政府各互联网平台对电脑端、手机端、平板端等不同终端的适配情况；评价网站端和移动端对不同浏览器的兼容情况；评价针对视觉障碍人群使用的适配情况。

应用拓展度。评价政府各互联网平台在其他渠道的传播拓展度，主要包括评价各政府互联网平台页面在百度、360、搜狗等国内主流搜索引擎的收录量和可见度；评价各互联网平台通过二维码、分享按钮等实现政府权威信息的新媒体分享与传播能力。

（二）智能交互能力

智能交互能力是评价政府利用人工智能等技术提供响应式交互服务的能力与实际应用效果。评价点位为智能搜索能力和智能问答能力。

智能搜索能力。评价政府各互联网平台搜索功能的智慧化程度，包括实现搜索结果智能排序、智能筛选、自定义设置等。

智能问答能力。评价政府各互联网平台人工智能对话交流功能的智慧化程度，包括通过预设问题评价人工智能对话的准确度、全面度等，以考量其学习能力、分析能力和服务能力。

（三）个性化服务能力

个性化服务能力评价政府依托互联网大数据和云计算等技术，基于人群画像和行为分析等提供自动化、细分化、精准化服务的能力。评价点位为定制服务能力和智能推送能力。

定制服务能力。依据《全国互联网政务服务平台检查指标》和个性化服务对用户注册信息的分析需求，评价政府各互联网平台对平台用户（会员）管理功能的建设和应用情况，包括在线注册、用户管理、个性化定制等。

智能推送能力。评价政府基于大数据技术，根据公众实际需求通过互联网精准、定向推送服务的能力。

B.15
2019年中国地方政府互联网服务能力监测与评价数据采集点位

表1　中国地方政府互联网服务能力监测与评价数据采集点位

一级指标	二级指标	三级指标	技术采集点	人工采集点	采集点总数
服务供给能力（A）	目录覆盖能力（A-1）	责任清单（A-1-1）	14	0	14
		权力清单（A-1-2）	27	0	27
		政府信息公开目录（A-1-3）	6	9	15
		公共服务清单（A-1-4）	28	6	34
	应用整合能力（A-2）	平台整合能力（A-2-1）	4	1	5
		平台应用能力（A-2-2）	7	2	9
		数据开放（A-2-3）	3	2	5
	服务贯通能力（A-3）	社保领域（A-3-1）	9	2	11
		教育领域（A-3-2）	11	0	11
		医疗领域（A-3-3）	10	2	12
		就业领域（A-3-4）	7	0	7
		住房领域（A-3-5）	9	0	9
		交通领域（A-3-6）	9	0	9
		企业注册开办（A-3-7）	11	2	13
		企业经营纳税（A-3-8）	7	0	7
		创新创业领域（A-3-9）	7	0	7
服务响应能力（B）	诉求受理能力（B-1）	互动诉求受理能力（B-1-1）	4	2	6
		办事诉求受理能力（B-1-2）	4	2	6
	办事诉求响应能力（B-2）	网上政务服务办理一级标准（B-2-1）	0	3	3
		网上政务服务办理二级标准（B-2-2）	0	3	3
		网上政务服务办理三级标准（B-2-3）	0	3	3
		网上政务服务办理四级标准（B-2-4）	0	3	3
	互动诉求反馈能力（B-3）	诉求回复响应能力（B-3-1）	0	3	3
		诉求回复应用能力（B-3-2）	0	1	1
		主动感知能力（B-3-3）	1	5	6

续表

一级指标	二级指标	三级指标	技术采集点	人工采集点	采集点总数
服务智慧能力（C）	应用适配能力（C-1）	功能适配度（C-1-1）	0	4	4
		应用拓展度（C-1-2）	7	0	7
	智能交互能力（C-2）	智能搜索能力（C-2-1）	0	4	4
		智能问答能力（C-2-2）	0	5	5
	个性化服务能力（C-3）	定制服务能力（C-3-1）	1	6	7
		智能推送能力（C-3-2）	0	1	1
合计			186	71	258

B.16
中国地方政府互联网服务能力评价总排名

表1 政府互联网服务能力评价总排名*

排名	地级行政区	总分	服务供给能力	服务响应能力	服务智慧能力
1	阳江市	84.80	28.82	39.12	16.86
2	深圳市	84.69	32.88	34.46	17.36
3	成都市	84.43	33.90	34.45	16.08
4	常州市	84.34	30.82	38.94	14.57
5	江门市	83.94	29.83	38.46	15.66
6	广州市	83.33	30.18	37.46	15.70
7	莆田市	83.25	29.27	38.72	15.26
8	宣城市	81.86	28.28	38.92	14.65
9	宁波市	81.83	27.77	38.55	15.51
10	贵阳市	81.66	33.00	31.07	17.58
11	湛江市	81.30	27.14	37.55	16.61
12	宜昌市	80.51	29.20	39.62	11.68
13	武汉市	80.47	30.09	37.07	13.31
14	宜宾市	79.91	30.13	38.40	11.37
15	潍坊市	79.51	29.17	37.02	13.32
16	中山市	79.27	30.49	32.10	16.67
17	临沂市	79.21	25.93	37.41	15.87
18	芜湖市	79.21	23.81	38.84	16.55
19	黄山市	79.05	29.72	34.62	14.71
20	岳阳市	78.59	26.42	36.65	15.52

* 本报告中的数值是基于原始采集数据统计,标准化处理后的数值,得分采用四舍五入,保留小数点后两位,下同。

续表

排名	地级行政区	总分	服务供给能力	服务响应能力	服务智慧能力
21	亳州市	78.59	28.49	35.42	14.67
22	滁州市	78.44	28.21	35.93	14.30
23	荆门市	78.20	31.87	30.26	16.07
24	自贡市	78.09	27.34	38.76	11.99
25	蚌埠市	78.09	27.78	39.39	10.92
26	合肥市	77.56	31.02	32.11	14.42
27	梅州市	77.54	28.14	35.61	13.79
28	湘潭市	77.33	28.19	33.17	15.97
29	舟山市	77.02	24.42	37.96	14.64
30	株洲市	76.98	25.15	35.64	16.19
31	防城港市	76.82	30.12	36.64	10.06
32	扬州市	76.76	27.29	36.70	12.77
33	枣庄市	76.71	26.80	34.24	15.67
34	黄冈市	76.67	27.46	34.94	14.27
35	资阳市	76.33	25.03	38.11	13.19
36	六安市	76.30	28.01	32.41	15.88
37	宁德市	76.19	27.58	32.89	15.73
38	宜春市	76.19	24.66	35.39	16.13
39	晋中市	75.83	26.81	30.59	18.42
40	河源市	75.41	27.54	33.35	14.52
41	银川市	75.29	28.71	32.70	13.88
42	厦门市	75.25	29.78	31.93	13.54
43	南通市	75.09	28.09	35.08	11.93
44	上饶市	74.72	27.02	34.80	12.89
45	泰安市	74.71	26.92	36.17	11.62
46	凉山彝族自治州	74.69	27.39	33.25	14.05
47	咸宁市	74.53	25.51	34.34	14.68
48	襄阳市	74.43	29.30	29.96	15.17
49	镇江市	74.26	27.35	34.42	12.49
50	铜川市	73.73	30.40	31.76	11.58
51	淮北市	73.68	24.79	33.00	15.90
52	雅安市	73.55	29.29	29.27	14.98
53	铜陵市	73.45	28.43	33.20	11.82
54	景德镇市	73.45	26.98	29.52	16.96

续表

排名	地级行政区	总分	服务供给能力	服务响应能力	服务智慧能力
55	九江市	73.14	28.48	28.91	15.75
56	泰州市	73.06	28.40	31.77	12.89
57	汕尾市	73.05	27.62	28.41	17.02
58	攀枝花市	72.92	25.59	32.09	15.25
59	梧州市	72.92	24.86	36.40	11.66
60	福州市	72.92	27.22	34.08	11.61
61	无锡市	72.90	28.06	29.56	15.28
62	池州市	72.89	27.42	33.69	11.78
63	金华市	72.88	27.69	32.68	12.52
64	揭阳市	72.84	28.24	29.79	14.81
65	烟台市	72.82	24.91	33.42	14.49
66	三明市	72.79	27.67	34.63	10.48
67	珠海市	72.65	26.09	30.56	16.00
68	汕头市	72.40	30.28	25.38	16.73
69	佛山市	72.35	27.82	29.41	15.12
70	拉萨市	72.29	26.64	29.89	15.76
71	温州市	71.85	23.89	35.75	12.21
72	威海市	71.79	29.45	26.25	16.09
73	佳木斯市	71.69	27.54	31.02	13.12
74	龙岩市	71.65	25.65	29.98	16.02
75	肇庆市	71.40	30.08	27.61	13.71
76	荆州市	71.15	28.94	29.44	12.77
77	洛阳市	71.11	25.72	29.24	16.16
78	潮州市	71.03	29.20	28.03	13.80
79	铜仁市	70.78	27.70	30.76	12.32
80	昭通市	70.71	25.88	33.68	11.15
81	沈阳市	70.71	25.26	30.26	15.19
82	绍兴市	70.52	26.76	29.95	13.81
83	丽水市	70.52	27.10	32.32	11.11
84	庆阳市	70.49	23.52	32.36	14.62
85	绵阳市	70.43	24.71	32.68	13.04
86	毕节市	70.33	27.81	29.29	13.23
87	淄博市	70.32	26.88	28.89	14.54
88	杭州市	70.25	21.74	36.96	11.55

续表

排名	地级行政区	总分	服务供给能力	服务响应能力	服务智慧能力
89	吴忠市	70.18	25.92	29.86	14.40
90	南平市	70.14	25.55	34.66	9.94
91	滨州市	70.13	27.20	28.82	14.11
92	东营市	70.05	31.03	26.83	12.20
93	宿州市	69.94	26.78	32.25	10.91
94	孝感市	69.89	21.27	35.05	13.57
95	定西市	69.79	25.93	29.26	14.60
96	濮阳市	69.53	25.42	33.04	11.07
97	巴中市	69.51	28.85	29.89	10.77
98	怀化市	69.46	29.99	24.77	14.70
99	安顺市	69.34	26.93	26.76	15.65
100	马鞍山市	69.29	29.18	27.91	12.21
101	聊城市	69.09	27.66	27.59	13.83
102	晋城市	69.06	25.66	30.22	13.19
103	永州市	68.99	27.28	25.67	16.03
104	茂名市	68.91	27.50	28.24	13.17
105	北海市	68.76	26.72	26.73	15.32
106	许昌市	68.64	25.36	27.64	15.63
107	德阳市	68.55	25.44	33.06	10.06
108	湖州市	68.51	21.39	33.55	13.57
109	东莞市	68.49	28.77	24.44	15.28
110	济宁市	68.46	27.56	27.19	13.71
111	驻马店市	68.28	22.98	34.01	11.29
112	广安市	68.19	29.21	25.22	13.76
113	南充市	68.11	27.26	26.92	13.93
114	乐山市	68.06	25.91	28.17	13.97
115	苏州市	67.98	28.01	24.74	15.23
116	黔西南布依族苗族自治州	67.97	25.18	27.43	15.36
117	伊犁哈萨克自治州	67.97	24.02	32.34	11.61
118	锡林郭勒盟	67.94	28.31	25.23	14.41
119	嘉峪关市	67.84	26.16	27.33	14.35
120	焦作市	67.77	23.07	31.90	12.80
121	安庆市	67.67	25.94	26.89	14.83
122	伊春市	67.61	24.12	31.48	12.02

续表

排名	地级行政区	总分	服务供给能力	服务响应能力	服务智慧能力
123	儋州	67.51	25.51	28.20	13.81
124	惠州市	67.51	25.86	27.68	13.97
125	云浮市	67.26	25.60	26.17	15.49
126	达州市	67.08	25.61	33.95	7.53
127	长沙市	66.84	28.12	23.06	15.66
128	延安市	66.78	24.06	28.71	14.02
129	泉州市	66.77	27.52	27.31	11.94
130	酒泉市	66.57	21.62	29.32	15.64
131	昆明市	66.23	25.24	30.08	10.92
132	青岛市	66.23	24.58	25.92	15.73
133	宿迁市	66.11	29.51	20.35	16.25
134	邵阳市	65.87	25.32	26.16	14.39
135	常德市	65.78	27.49	26.94	11.36
136	唐山市	65.77	26.76	25.51	13.49
137	朔州市	65.69	29.97	19.48	16.23
138	南昌市	65.56	26.50	26.35	12.71
139	克孜勒苏柯尔克孜自治州	65.55	27.73	28.02	9.80
140	韶关市	65.53	23.91	32.40	9.22
141	盘锦市	65.53	25.39	30.95	9.19
142	嘉兴市	65.46	21.06	29.73	14.67
143	丹东市	65.45	22.70	31.38	11.37
144	盐城市	65.35	21.62	32.25	11.48
145	钦州市	65.28	27.44	24.62	13.22
146	南宁市	65.28	26.44	24.88	13.96
147	内江市	65.18	24.61	27.22	13.36
148	安康市	65.11	25.31	26.14	13.66
149	中卫市	65.08	26.21	25.39	13.49
150	柳州市	65.07	30.51	20.70	13.86
151	六盘水市	65.05	29.67	25.88	9.50
152	通辽市	65.02	27.64	27.18	10.20
153	菏泽市	65.00	27.25	27.26	10.49
154	清远市	64.96	26.53	23.31	15.13
155	巴彦淖尔市	64.91	25.33	27.89	11.68
156	黄石市	64.89	21.30	29.00	14.60

续表

排名	地级行政区	总分	服务供给能力	服务响应能力	服务智慧能力
157	阿坝藏族羌族自治州	64.78	26.95	30.36	7.47
158	连云港市	64.72	26.38	24.22	14.12
159	德州市	64.60	28.68	21.43	14.49
160	阜阳市	64.51	26.93	24.03	13.56
161	济南市	64.48	29.13	21.71	13.64
162	双鸭山市	64.47	23.81	27.53	13.13
163	信阳市	64.41	22.19	28.07	14.15
164	淮南市	64.41	23.26	25.50	15.65
165	南京市	64.27	21.12	29.25	13.90
166	台州市	64.08	23.30	28.28	12.49
167	淮安市	64.04	24.99	25.56	13.50
168	衡阳市	63.96	26.14	23.23	14.59
169	三门峡市	63.94	20.66	29.05	14.23
170	玉溪市	63.94	24.95	27.00	11.99
171	遵义市	63.80	29.50	22.72	11.59
172	长治市	63.75	24.60	24.61	14.54
173	克拉玛依市	63.63	22.97	29.89	10.77
174	海口市	63.61	28.73	27.73	7.16
175	衢州市	63.42	22.99	27.87	12.56
176	随州市	63.24	23.67	31.13	8.44
177	锦州市	63.21	28.07	24.16	10.98
178	鞍山市	63.06	27.71	23.72	11.63
179	南阳市	62.70	23.51	27.44	11.76
180	石家庄市	62.66	24.45	25.58	12.63
181	葫芦岛市	62.54	25.72	26.60	10.22
182	张家界市	62.52	23.85	23.02	15.65
183	十堰市	62.47	26.10	26.92	9.45
184	沧州市	62.44	26.20	26.62	9.62
185	漳州市	62.42	25.82	24.10	12.51
186	鹤壁市	62.34	26.10	23.32	12.92
187	恩施土家族苗族自治州	62.23	25.77	21.30	15.16
188	抚州市	62.22	25.01	22.66	14.55
189	郑州市	62.10	23.49	27.71	10.89
190	平凉市	62.04	27.28	22.38	12.38

中国地方政府互联网服务能力评价总排名

续表

排名	地级行政区	总分	服务供给能力	服务响应能力	服务智慧能力
191	四平市	62.03	29.99	19.43	12.61
192	汉中市	61.90	27.26	28.76	5.88
193	泸州市	61.83	25.74	21.39	14.70
194	眉山市	61.77	23.87	27.67	10.23
195	湘西土家族苗族自治州	61.75	25.47	22.26	14.02
196	桂林市	61.67	25.00	26.20	10.46
197	贺州市	61.47	24.13	28.64	8.70
198	西双版纳傣族自治州	61.42	22.94	28.86	9.61
199	西安市	61.19	26.38	26.83	7.98
200	开封市	61.08	20.49	28.42	12.16
201	石嘴山市	61.01	26.22	20.62	14.17
202	咸阳市	61.00	24.99	24.75	11.26
203	来宾市	60.99	22.05	30.39	8.55
204	日照市	60.88	22.31	25.64	12.92
205	延边朝鲜族自治州	60.79	24.20	26.02	10.57
206	平顶山市	60.60	23.31	27.09	10.20
207	鹰潭市	60.60	24.40	20.41	15.79
208	陇南市	60.59	22.86	22.98	14.75
209	长春市	60.57	27.20	21.50	11.88
210	郴州市	60.51	28.09	17.42	15.00
211	太原市	60.46	26.33	23.39	10.73
212	安阳市	60.38	26.28	22.13	11.97
213	临汾市	60.32	26.01	21.08	13.23
214	运城市	60.28	25.66	22.31	12.31
215	吕梁市	60.17	25.49	22.33	12.34
216	益阳市	60.10	26.29	21.54	12.27
217	黔东南苗族侗族自治州	59.63	26.86	18.81	13.96
218	大同市	59.57	25.95	23.17	10.45
219	阳泉市	59.48	28.57	19.77	11.15
220	松原市	59.38	26.12	20.77	12.49
221	黔南布依族苗族自治州	59.18	25.28	18.75	15.15
222	辽阳市	59.16	26.27	19.15	13.74
223	金昌市	59.05	23.11	22.69	13.25
224	辽源市	58.91	28.28	19.40	11.23

续表

排名	地级行政区	总分	服务供给能力	服务响应能力	服务智慧能力
225	三亚市	58.64	26.80	19.30	12.54
226	昌吉回族自治州	58.63	25.58	20.62	12.43
227	玉林市	58.49	22.35	26.30	9.84
228	包头市	58.34	24.55	25.00	8.79
229	商丘市	58.26	24.83	23.15	10.29
230	营口市	58.15	26.21	22.00	9.94
231	新余市	58.06	28.86	16.09	13.11
232	通化市	58.03	29.43	21.48	7.12
233	吉林市	57.89	30.59	15.94	11.36
234	娄底市	57.71	23.91	19.73	14.08
235	阿勒泰地区	57.59	25.87	20.10	11.62
236	白山市	57.48	26.16	19.19	12.13
237	天水市	57.26	19.06	25.15	13.05
238	武威市	57.20	21.12	22.49	13.59
239	西宁市	57.13	19.81	29.08	8.24
240	七台河市	57.09	17.77	25.77	13.55
241	楚雄彝族自治州	56.82	25.80	25.07	5.95
242	阿克苏地区	56.81	23.89	25.76	7.16
243	保山市	56.44	20.94	29.75	5.75
244	商洛市	56.28	23.57	20.59	12.12
245	红河哈尼族彝族自治州	56.00	23.71	23.14	9.15
246	普洱市	55.94	23.34	23.43	9.17
247	新乡市	55.68	21.69	22.80	11.19
248	赤峰市	55.57	24.20	25.53	5.85
249	遂宁市	55.57	27.10	24.28	4.19
250	漯河市	55.55	22.50	22.35	10.70
251	丽江市	55.53	24.20	21.75	9.58
252	乌海市	55.51	27.39	21.53	6.59
253	呼和浩特市	55.46	23.19	18.13	14.14
254	百色市	55.46	15.32	34.34	5.80
255	呼伦贝尔市	55.45	26.42	19.11	9.92
256	榆林市	55.43	25.76	20.95	8.72
257	崇左市	55.37	22.64	25.52	7.21
258	吉安市	55.19	23.02	18.30	13.88

续表

排名	地级行政区	总分	服务供给能力	服务响应能力	服务智慧能力
259	哈尔滨市	55.16	27.97	14.72	12.47
260	白城市	54.75	28.63	15.35	10.77
261	承德市	54.73	22.22	22.53	9.98
262	徐州市	54.59	24.90	19.47	10.22
263	鄂州市	54.53	25.39	19.83	9.30
264	乌鲁木齐市	54.30	25.27	23.38	5.65
265	朝阳市	54.24	25.60	19.20	9.44
266	萍乡市	54.20	22.40	21.39	10.42
267	秦皇岛市	54.17	25.63	22.17	6.37
268	贵港市	54.07	22.20	24.89	6.98
269	忻州市	53.72	25.97	16.19	11.56
270	大庆市	53.70	22.02	26.08	5.59
271	河池市	53.55	20.42	27.65	5.48
272	白银市	53.40	16.88	24.78	11.75
273	大理白族自治州	53.31	23.21	24.31	5.79
274	乌兰察布市	53.23	25.01	20.25	7.97
275	赣州市	53.07	25.70	16.81	10.56
276	兴安盟	52.88	25.24	16.15	11.49
277	抚顺市	52.82	26.73	20.23	5.86
278	临夏回族自治州	52.55	20.60	22.27	9.69
279	鸡西市	52.54	26.64	18.56	7.35
280	大兴安岭地区	52.46	24.58	21.78	6.11
281	张掖市	52.43	21.52	20.37	10.53
282	广元市	52.42	24.65	17.29	10.48
283	本溪市	52.23	25.81	20.67	5.75
284	渭南市	52.16	25.60	20.04	6.53
285	邢台市	51.99	24.04	18.02	9.93
286	喀什地区	51.98	20.87	22.13	8.99
287	兰州市	51.75	21.09	16.77	13.89
288	怒江傈僳族自治州	51.75	21.81	18.47	11.47
289	巴音郭楞蒙古自治州	51.69	23.79	16.38	11.53
290	临沧市	51.68	21.20	22.82	7.66
291	黑河市	51.63	23.57	20.83	7.23
292	邯郸市	51.60	22.83	17.91	10.86

续表

排名	地级行政区	总分	服务供给能力	服务响应能力	服务智慧能力
293	衡水市	51.51	22.95	15.99	12.57
294	吐鲁番市	51.44	22.96	21.54	6.94
295	阿拉善盟	51.15	26.25	17.41	7.49
296	宝鸡市	51.03	18.32	25.69	7.03
297	廊坊市	50.77	23.94	17.03	9.80
298	绥化市	50.24	22.25	22.66	5.33
299	甘孜藏族自治州	50.11	26.03	17.03	7.05
300	铁岭市	50.09	23.38	19.93	6.78
301	甘南藏族自治州	50.06	21.21	18.89	9.97
302	曲靖市	49.86	22.08	18.12	9.66
303	保定市	49.74	23.65	20.09	5.99
304	大连市	49.64	25.46	18.48	5.70
305	迪庆市	49.40	26.15	14.51	8.74
306	海东市	49.28	17.97	25.58	5.73
307	和田地区	49.16	23.45	16.28	9.44
308	昌都市	48.52	22.77	19.51	6.23
309	文山壮族苗族自治州	48.40	21.04	20.51	6.85
310	固原市	48.33	24.31	14.46	9.56
311	鹤岗市	48.27	19.90	19.07	9.30
312	海西蒙古族藏族自治州	48.19	23.19	20.35	4.65
313	张家口市	47.64	22.77	12.55	12.32
314	鄂尔多斯市	47.42	24.73	12.72	9.96
315	玉树藏族自治州	46.92	14.75	21.12	11.06
316	日喀则市	46.86	20.67	13.23	12.96
317	林芝市	46.64	21.21	14.46	10.96
318	德宏傣族景颇族自治州	46.24	20.00	17.09	9.15
319	周口市	46.09	25.95	14.46	5.67
320	塔城地区	44.97	20.29	19.34	5.33
321	哈密市	44.24	24.50	16.64	3.09
322	博尔塔拉蒙古自治州	44.23	24.77	13.55	5.90
323	阜新市	43.71	18.81	19.33	5.57
324	齐齐哈尔市	43.69	17.44	18.11	8.14
325	牡丹江市	40.04	20.57	11.92	7.56
326	海南藏族自治州	39.17	19.67	13.79	5.70

续表

排名	地级行政区	总分	服务供给能力	服务响应能力	服务智慧能力
327	海北藏族自治州	38.36	19.45	14.08	4.83
328	果洛藏族自治州	36.84	22.47	7.34	7.03
329	黄南藏族自治州	32.24	15.32	9.54	7.38
330	三沙市	25.53	19.11	4.45	1.97
331	阿里地区	15.48	13.67	1.33	0.49
332	那曲市	15.06	5.81	0.34	8.92
333	山南市	8.84	5.99	0.72	2.13

# B.17
中国地方政府互联网服务能力监测评价数据采集与应用技术说明

一 数据采集时间

数据首次采集时间在2018年12月,考虑到网站变动导致的波动情况,在2019年春节前对数据进行了检验和校正,并作为最终采集版本。本次报告所使用的数据日期区间为2018年12月至2019年1月,其间共有4次数据采集,平均每次数据采集2700余万个网站页面,平均每次采集数据总量约为10亿条。

数据采集系统经过多次采集和学习,基于互联网爬虫技术和性能优化,已能够在7日内完成所有各级政府网站和互联网服务平台的数据采集,生成新的数据资源。系统数据采集实现了自动化、标准化、快速化生成,并可实现原始数据回溯和数据对比,做到可查询、可追溯、可验证。

二 数据采集范围

(一)数据采集特点

本次政府互联网服务能力评价主要面向全国地级行政区政府网站、政务服务平台,以及相关政务微博、微信、客户端以及搜索引擎等渠道,体现出几个特点。

一是不局限在网站领域,将可能成为服务窗口的各类各级政府网站、政务服务网、政务App、微博、微信等均纳入评价体系。

二是全数据量采集，不是进行数据抽样分析，而是进行泛互联网全数据抓取。此次支撑报告的数据，共分析网站页面数据2700余万条，微博、微信数据约94万条，搜索引擎数据约43万条，保证了从全互联网角度来评价政府服务能力。

三是专项采集通道，通过技术接入和合作的形式，获取权威的百度、360、搜狗等搜索引擎的各类搜索原始数据。

（二）数据采集范围

一是全国政务网站。对政务网站进行全网覆盖信息采集，包括中央政府、地方政府和党委系统网站三大版块。全面覆盖人大、政协、各级人民政府、党委、政府部门、直属机构、办事机构、事业单位、群团组织、法院、检察院，以及各类政务平台、系统等近60类信源共2700余万页面数据。

二是全国政务新媒体。对全国各级各类政务新媒体进行全量采集，包括微博、微信、客户端、论坛等，日均可处理数据100万条以上。

三是境内外主流新闻媒体。覆盖境内外主流中文新闻媒体发布信息，站点总数达到近10万个。

四是搜索引擎。采集涉及333个地级行政区政务服务的百度搜索、360搜索、搜狗搜索的相关数据达千万条。

五是视频网站文本。采集腾讯、爱奇艺、优酷、搜狐、乐视、美拍、Bilibili、抖音等30多家主流视频网站来源url、上传时间、播放量、下载量、弹幕内容、点赞数以及评论分享数等关键字数据。

三　数据采集方法

一是人工智能工具。针对政府互联网服务内容层级较深、内容较分散的情况，使用人工智能工具，辨别分析服务内容，自动选取最完整、全面的模块进行评分，确保数据采集的客观、准确。

二是分布式爬虫技术。为避免影响网站访问，并确保数据客观性，在数据采集中采取了分布式爬虫,即随机选取时间段对网站内容进行抓取。

三是浏览器模拟技术。针对部分网站部署"反爬虫"应用,以及部分插件点位难以分析等情况,本次数据采集采用了模拟浏览器访问并不断升级完善,实现100%数据抓取无拒绝、功能代码不丢失的效果。

四是深度采集。为保障数据采集的全面、完整,本次数据采用了6层深度采集,高于国办要求的网页4层架构,同时对文章列表模块则采用全遍历模式。实现网站内容抓取无遗漏,数据完整性高达90%以上。

四 数据采集点位

本次评价采用互联网全量数据抓取,根据全量数据进行具体点位的检索、判断、计算等逻辑。根据"数据有无""数据量""数据集合度"等评价标准,形成186个技术采集点位(较2018年增加31个),共采集了87342个对应采集点位的样本数据(较2018年增加1.4万个),实现采集点位与评价对象的完整匹配。

五 原始数据清洗

数据清洗顾名思义就是把"脏"的数据"洗掉",指发现并纠正数据文件中可识别的错误的一道程序,包括检查数据一致性、处理无效值和缺失值等。这些网页数据从各类渠道中爬取,受非政府网站、黑客攻击引起的黄赌毒页面、垃圾广告信息页面影响等,存在大量的无价值内容数据,需对无关数据和冗余数据进行整理。借助专业的数据清洗工具,在2700余万条页面中,共清洗非政府服务相关数据510余万条,有害页面90余万个、广告内容130余万条、重复内容70余万条等。

本次数据清洗主要使用NLP技术,依据关键词智能发现无关内容并进行自动清洗。包括通过页面正文提取、格式清洗、网页去重、分页内容合并等技术获取网页中的文本内容等信息,以及通过垃圾信息过滤、广告内容清洗、文本分类等数据清洗技术对文本内容进行提纯再处理,从而得到用于后续文本分析及文本展示的原始数据内容。本次数据清洗工作遵循严格、可用的标准,既能够清洗出高质量的数据,又避免过度清洗带来的数据价值流失。

六 算法设计应用

本次算法应用主要在数据采集和结果导出方面,采用了专业技术工具与科学计算方法,保障评价结果的客观、准确。

一是采用分治法,缩小评估点位的单元,以小单元进行统计运算,再进行大单员回归计算,可更客观、准确地反映实际情况。

二是采用递归法,在数据采集中,采用递归计算方法反复提高计算能力和效率,从多个渠道得来的海量数据中识别最优结果并予以应用。

三是数据点位技术采集算法模型简要说明。对于具体点位的计算,根据点位跟点位关键词之间的关系,技术采集点位算法模型抽象成如图1所示的关系。

	点位关键词1	点位关键词2	点位关键词3
一级点位	组件1	组件2	组件3
二级点位1	组件1.1		组件3
三级点位1	组件1.2	组件2	组件3
三级点位2	组件1.2	组件2	
一级点位2	组件1.1		组件3

图1 技术采集点位算法模型示意

每个横向的点位跟纵向的点位关键词定义一个计算单元，这个计算单元也是控制计算逻辑的最小单元。在纵向上，每一类型的点位关键词构成一个计算组件，该组件完成特定计算单元上的任务。如果需要定制特殊的计算逻辑，可采用派生组件，如图 1 中组件 1.1、组件 1.2。在横向上，每一个点位都会包含若干类型的点位关键词，它们之间存在依赖关系，并且后续的计算单元会对前置的计算结果产生影响，如图 2 所示。

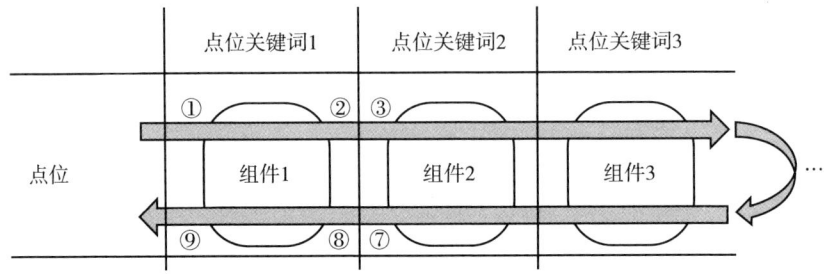

图 2　点位关键词与采集计算关系示意

前置过程的输出会作为后置过程的输入，在②处会产生一个备选 URL 列表以及一个命中 URL，作为后置过程，即③的输入，以此类推，直至管道的尽头计算流会原路返回，此时前置过程可以看到后置过程的计算结果，如⑧可以拿到结果⑦。然后根据后置过程的结果对前置过程的结果进行调整，重新设置命中 URL（如果有）。不同点位层级之间构成一棵树，父节点的结果会分发到子节点。计算流采用递归计算，一级点位得到一个备选 URL 之后，会将每一个 URL 都传到二级点位逐个递归，一级点位根据每一个备选 URL 的结果选出一个最优的结果。然后用这个最优结果继续往下递归计算。总的来说，父级点位的计算结果会受子级点位结果的影响，保证选出最好的结果。

七　多维数据印证

评价数据经过采集、清洗、计算、导出、分析等过程后得出评价的最终结果，但原始数据量大、运算过程多、分析点位复杂，存在数据不准确的可能性。为保障评价结果的客观、公正，本次评价应用多种技术和人工手段对数据结果进行多维度验证。

一是人工智能回溯验证。本次评估共采集了四次完整数据，且数据均在云端进行存储，可随时调用回溯。通过人工智能技术对每次采集的数据进行全面对比、分析，排查异常、冗余、缺失的数据，可为人工验证风险点提供点位，也可为采集系统完善提供支撑。

二是多平台工具验证。本次评估由数据采集机构运用多个平台的数据验证工具进行结果比对、排查和分析，从逆向计算、分地域校验、转化爬取规则等多个维度，对异常数据进行机器和人工校验和修正。

三是专业人员人工验证。本次评估共采取两轮人工验证工作，第一轮是技术采集机构聘请专业的第三方测试人员进行集中验证，主要从采集的完整性、准确性出发，并提出优化建议。第二轮是本次评估主办单位专家教授进行验证，主要从数据合理性、算法科学性等方面进行验证，并提出修改建议。

Abstract

The government's Internet service capability refers to the comprehensive ability of the government to use the new generation of information technology and means such as internet, big data, cloud computing and artificial intelligence to achieve scientific decision-making, precise governance and efficient service, and to enhance the people's sense of access and happiness. From the government online project to the digital government construction, after nearly 20 years of development, China's e-government system has been initially established. It has become the norm and reality for the government to provide government services based on the Internet and to fulfill its duty online. Under the background of advancing the modernization of the national governance system and capacity, how to evaluate the government's ability to administer, governance and providing service requires the construction of government Internet service capacity as a starting point. *Report on the Development of Internet Service Capability of Local Government in China (2019)* establishes an evaluation system of Internet Service Capability of the Government from three aspects: supply capacity, response capacity and wisdom capacity, with a view to exploring a new cognitive, evaluation and guidance system for the construction of online government and the enhancement of government Internet performance ability in the new era of information ecology, and through the overall evaluation conclusion. The results, performance of sub-item capabilities, thematic areas and regional case studies reflect the current situation and trend of the development of local government's Internet service capabilities.

The first part of this book is the General Report. According to the three-level index system of government Internet service capability, the report evaluates the Internet service capability of 333 prefecture-level administrative regions in China by means of big data monitoring and analysis. It is divided into four types: innovation

Abstract

leading, active catch-up, steady progress and urgent development. The evaluation results of the report show that since 2018, the overall improvement of local government's Internet service capability has been obvious; the regional differences of local government's Internet service capability have been narrowed; the service supply capacity has been continuously optimized, and the new media for government affairs has developed rapidly; the service response capacity has been improved significantly, and the role of provincial government platform has been obvious; the service wisdom ability has made great breakthroughs, and the application effect needs to be continuously optimized. According to the report, local governments need to pay more attention to the application of government Internet service system, further strengthen the deep integration of intelligent technology and government services, and continuously improve the efficiency and sense of achievement of government network performance.

In the second part of this book, the Sub-competence Section analyses the overall performance, regional differences and sub-competence of the Internet service supply capacity, responsiveness and intelligence capacity of local governments in China, and elaborates the development status and characteristics of each sub-competence. In the third part, through the analysis of the performance of the corresponding indicators in the evaluation results in the four key areas about streamline administration, delegate powers, and improve regulation and services reform, new government media, government response and wisdom application, and combined with data research and case analysis, the paper puts forward four thematic areas based on the development of government Internet service capacity. The fourth part focuses on the development status of Internet service capabilities of Guangdong, Anhui, Ningbo and Yichang municipalities. Through the analysis and collation of specific data and typical cases of Internet service capacity-building of four provinces and municipalities, it provides experience and Enlightenment for the development of Internet service capabilities of other governments in China.

Keywords: Network Powerful Nation; Government Governance; Internet Governance; Internet + Government Services; Government Internet Service Capabilities

Contents

Forword   *Tang Zhiwei* / 001

Ⅰ   General Report

B.1   Evaluation of Internet Service Ability of Local Government in China

      Wang Mengsen, Xu Ji, Zhang Longpeng, Chen Liangyu,

                                       Guo Ning and Zhang Huiping / 001

Abstract: This section first describes the connotation and composition of local government Internet service capabilities, and the 2019 evaluation plan, including indicator system design, data source and collection, data calculation methods, etc. Then, this part give the evaluation results and findings, and analyze the future development . According to the 2019 report, 14 prefecture-level administrative districts have entered the leading innovation category, and 202 prefecture-level administrative districts have entered the active catch-up category. The two types of prefecture-level administrative districts account for about 65% of the total, and the overall development of local government Internet service capabilities has increased significantly, and the difference is narrowing. In the future development, the three trends are very prominent: First, the local government's Internet service capability puts higher demands on the provincial government service platform, and second, the government's service-oriented enterprise service will show a deepening trend in the context of optimizing the business environment. Third, the government's new media deep integration has become the development trend of government Internet service capabilities.

Keywords: E-government; Local Government; Internet Service Capability; Evaluation Plan; Evaluation Result

Ⅱ Sub-capbility Reports

B.2 Analysis Report on Internet Service Supply Capacity of Local Government of China in 2019

Zhang Longpeng, Xu Ji and Tang Zhiwei / 023

Abstract: This paper analyses the development trend of Internet service supply capacity of local governments in China from three dimensions: overall performance, regional differences and sub-capacity. The data reported in the 2019 report show that the overall supply capacity of Internet services is improving. From the perspective of regional differences, the gap of Internet service supply capacity between central and western regions and eastern regions is narrowing, the gap between Northeast and eastern regions is widening, the gap between provinces and regions of Internet service supply capacity is narrowing, and the gap between prefecture-level administrative regions of Internet service supply capacity is still significant, and greater than the Provincial differences. As far as the sub-item ability is concerned, the service penetration ability of directory coverage ability, service penetration ability and application integration ability is excellent, and the application integration ability needs to be further improved. Service penetration ability is an important dimension to promote the development of service supply ability. The service penetration ability of people's livelihood is better than that of enterprise production and operation. Application integration capability is the key dimension that restricts the development of service supply capability. Data openness and platform application capability are the focus of improving application integration capability in the future.

Keywords: Service Supply Capability; Overall Performance; Regional Differences; Sub-item Capability

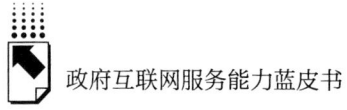

B.3 Analysis Report on Internet Service Responsibility of Chinese Local Government in 2019

Zhang Longpeng, Wang Mengsen and Li Jinzhao / 032

Abstract: This paper analyses the development trend of Internet service responsiveness of local governments in China from three dimensions: overall performance, regional differences and sub-competence. The data of the 2019 report show that the responsiveness of Internet services has been improved significantly, and the effect of the improvement comes from the contribution of appeal acceptance ability and service appeal responsiveness. From the perspective of regional differences, the regional disparity of Internet service responsiveness is greater than that of service supply, the gap between Northeast and East is widening, the gap between Midwest and East is narrowing, the provincial disparity of service responsiveness is significant, and the gap is expanding; The imbalance of service responsiveness between provincial and territorial administrative regions still exists. As far as the sub-item ability is concerned, the appeal acceptance ability is excellent, and its improvement mainly comes from the contribution of the appeal acceptance ability; the overall level of the appeal response ability is low, and the interactive appeal feedback ability of the related construction is slow in the initial stage; the appeal response ability and the application ability of the appeal response have declined, and the active perception ability has been slightly improved.

Keywords: Service Responsiveness; Overall Performance; Regional Differences; Sub-item Capability

B.4 2019 China Local Government Internet Service Intelligence Capability Analysis Report

Zhang Longpeng, Dong Liang and Jiang Guoyin / 040

Abstract: This paper analyses the development trend of Chinese local government's Internet service intelligence ability from three dimensions: overall performance, regional differences and sub-competence. The data of the 2019 report show that the intelligence ability of Internet service has been improved significantly, but it is still the key link restricting the development of Internet service ability, and the overall level needs to be deepened. From the perspective of regional differences, the service wisdom ability of the central region surpasses that of the eastern region; the difference of service wisdom ability among prefecture-level administrative regions is greater than that between provinces, but the development of service wisdom ability among provincial-level administrative regions is more balanced. As far as the sub-item ability is concerned, the overall development level of the application adaptation ability is high, and the contribution of the function adaptation degree to the application adaptation ability is greater than the application expansion degree; the overall level of the intelligent interaction ability is low, mainly because of the low level of the intelligent question and answer; the overall level of the personalized service ability is low, and the regional differences are significant.

Keywords: Service Wisdom Ability; Overall Performance; Regional Differences; Sub-item Ability

Ⅲ   Special Report

B. 5   Special Analysis Report on Reform of Delegating Power and
       Optimizing Service and Business Environment

He Yang, Feng Yi and Wang Sha / 048

Abstract: To create a good business environment with the reform of the management of the tube is a re-starting action to inherit the spirit of reform and opening up. This paper chooses the government's Internet service capability evaluation, the enterprise registration start, the enterprise business tax payment, the field of innovation and entrepreneurship and the ability of handling appeals. Firstly, it shows the overall situation of local government Internet service capabilities measured in the above four areas, and then selects more significant cases to show the effectiveness of local government Internet services in terms of business registration, business taxation, innovation and entrepreneurship, and ability to handle complaints. Summarize its characteristics, in order to provide reference for the development of other regions. Finally, in view of the shortcomings of local government Internet service capabilities in the above four areas, it is advocated to promote the reform of the management and the construction of government Internet service capacity from the aspects of strengthening performance appraisal, constructing learning exchange mechanism and fault tolerance mechanism.

Keywords: Reform of the Management of the Tube; Business Environment; Government Internet Service Capability

B.6 Government New Media Thematic Analysis Report

Lei Hongzhu, Zhang Haixia and Jian Qing / 065

Abstract: As early as in the opinion of government information disclosure in 2014, it pointed out that we should strengthen the construction of information disclosure platform for new government media, such as government micro-blog and government micro-message. With the introduction of relevant national policy documents, China's new media for government affairs has entered a period of rapid development. From the central to local governments at all levels have played an important role in public services, public opinion guidance, information dissemination, people's livelihood communication and other services through means of new media for government affairs. The new government media has gradually become an indispensable part of the comprehensive and objective evaluation of the Internet service level of local governments in China. By investigating the number and overall situation of mobile new media applications in 333 prefecture-level administrative regions, this paper focuses on case studies, with a view to providing reference for the in-depth development of new media in government affairs in China.

Keywords: Government New Media; Client; Government Micro-mail; Government Micro-blog

B.7 Government Response Thematic Analysis Report

Feng Xiaodong, Luo Yan and Yin Lina / 079

Abstract: More and more local governments in China begin to pay attention to the role of online interaction between government and citizens in public service innovation, establish a network-based multi-channel participation and interaction platform, and take the initiative to respond to the public response, which plays an important role in government public governance and is also one of the important contents of Internet service capability. This article focuses on the analysis of the active response of prefectural governments to public appeals from the aspects of attention to major hot issues, communication with the public, interpretation of policies and regulations, and specific points, and reveals excellent cases. Overall, the ability of active perception score is better, with more than 220 administrative regions scoring more than 60%, and more than 80 administrative regions scoring more than 80%. However, the study found that the following problems deserve to be improved: the regional differences of active response ability are obvious, the service response ability of hot events is insufficient, the form of policy interpretation is extensive, and there is a lack of fine classification.

Keywords: Government-citizen Interaction; Active Response; Hot Spots Induction; Policy Interpretation

B.8 Intelligence Application Thematic Analysis Report

Guo Yuhui, Wang Xinying and Tang Yang / 102

Abstract: Attaching importance to public needs and using artificial intelligence technology to build intelligent government has become a new requirement and challenge for government service in recent years. However, the current technological development is still in its infancy, and the application and promotion of government service wisdom is relatively small and shallow. This section discusses the current situation of the intelligent application of 333 prefecture-level administrative government websites, and finds that, on the whole, all regions have made some progress in optimization compared with the previous year. Specifically, the number of cities with search function and intelligent question-and-answer function has increased, but the scores of individualized indicators are generally low. Therefore, this paper argues that in the future we should pay attention to provincial overall planning and intensive construction, deepen technology to improve the intelligence of "check" and "answer", respond to public needs and enrich personalized construction.

Keywords: Intelligence Application; Intelligent Question and Answer; Artificial Intelligence

Ⅳ Regional Reports

B.9 Case Study on Internet Service Capability of Guangdong Provincial Government

Cui Qian, Lei Ting and Xie Ailing / 118

Abstract: With the development of big data, cloud computing and artificial intelligence technology, local government governance has entered an era of intelligence. In the process of local government Internet service, relying on new information technology means, assisting scientific decision-making, implementing fine governance and providing convenient public services are important manifestations of improving local government service capacity. Guangdong local Province is the frontier of local government's Internet service reform. This case makes an empirical analysis of 21 cities in Guangdong Province by using the data of local government's Internet service capability evaluation in 2019. The research finds that the Internet service capability of Guangdong provincial governments has been improved rapidly, showing the characteristics of "excellent comprehensive ability, balanced development of various abilities and outstanding wisdom ability". Exploring the development path of local government's Internet service capability in Guangdong Province and summing up relevant experience and enlightenment can provide reference for improving local government's Internet service capability in China.

Keywords: Internet + Government; Service Supply Ability; Service Response Ability; Service Intelligence Ability

B.10 Case Study on Internet Service Capability of Anhui Provincial Government

Li Mei, Cai Yunjuan and Jia Kai / 138

Abstract: Anhui Province is located in the central region of China. Thanks to the great attention and strategic support of government departments, it has initially built a government network system with Anhui characteristics to meet the needs of government affairs. Especially since 2016, with the application of new generation of Internet information technology such as Internet of things, cloud computing, big data and artificial intelligence in government departments, Anhui has leveraged "Internet + government" to optimize the service process and improve service efficiency, and the government's Internet service capability has achieved some results. In this year's assessment of local government's Internet service capability, Anhui Province is in the leading position in the whole country with its comprehensive capability and overall development speed. Based on this, this paper tries to analyze the development experience and Enlightenment of Anhui government's Internet service capability, in order to provide reference for the continuous improvement of the national government's Internet service capability.

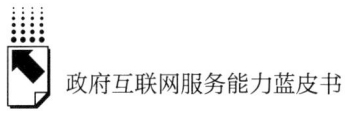

Keywords: Anhui Province; Local Government's Internet Service Capability; Case Study

B.11 Case Study on Internet Service Capability of Ningbo Municipal Government   *Liu Hongqin, Wang Li* / 167

Abstract: Ningbo Municipal Government's online government service ability continues to maintain the leading level of innovation. This article selects Ningbo as a typical case to analyze the highlights of its Internet service ability, and summarizes the enlightenment to provide reference for other cities. Through research and analysis, Ningbo Municipal Government has the strongest responsiveness, followed by intelligence, and again supply capacity. Ningbo City's response ability and intelligence interaction ability scored 100%, ranking No. 1 in the country. On the one hand, Ningbo's achievements are due to Ningbo Municipal Government's own strengthened management innovation, continuous improvement of institutional mechanisms and gradual improvement. On the other hand, Zhejiang Province has continued to promote the reform of "running at most once", strengthens top-level design, promoted and promoted the improvement of Ningbo's government online service capabilities. In addition, Ningbo City has strengthened integration. The construction of government affairs cloud provides platform guarantee for service capability.

Keywords: Application Integration; Service Penetration; Appeal Response; Intelligence Interaction; Run at Most Once

B.12 Case Study on Internet Service Capability of Yichang Municipal Government   *Yang Liu, Gao Tianpeng* / 184

Abstract: After more than ten years of efforts, Yichang has experienced three stages of iteration and innovation: wise government, wise governance and wise people's livelihood, and has formed a new model of integrative construction of wise city in Yichang. In the 2019 national local government Internet service capacity, the Internet service capability of local governments in Yichang has been rapidly improved. The overall ranking of Yichang has risen from 187 to 12th, up to 175, among which the Internet service responsiveness ranks first in the country. The score of Internet service ability of Yichang municipal government was 80.51. The scores of service supply ability, response ability and intelligence ability were 29.20, 39.62 and 11.68, respectively. The corresponding rate were 73.00%, 99.05% and 58.40%, respectively. Compared with the previous year, the biggest increase was service responsiveness, which increased by 52.30%. The rapid improvement of Yichang's Internet service capability is closely related to a series of measures that focus on Internet service, which has enlightening effect on the development of government Internet service in other cities.

Keywords: Yichang City; "Cloud Signature"; New Government Service System

V Appendices

B.13 China's Local Government Internet Service Capacity Evaluation Indicators and Weights in 2019 / 200

B.14 Meaning and Explanation of the Evaluation Index of China's Local Government Internet Service Capability in 2019 / 202

B.15 2019 China Local Government Internet Service Capability Monitoring and Evaluation Data Collection Point / 209

B.16 China Local Government Internet Service Capability Evaluation Ranking / 211

B.17 China Local Government Internet Service Capacity Monitoring and Evaluation Data Collection and Application Technical Description / 222

皮书起源

"皮书"起源于十七、十八世纪的英国,主要指官方或社会组织正式发表的重要文件或报告,多以"白皮书"命名。在中国,"皮书"这一概念被社会广泛接受,并被成功运作、发展成为一种全新的出版形态,则源于中国社会科学院社会科学文献出版社。

皮书定义

皮书是对中国与世界发展状况和热点问题进行年度监测,以专业的角度、专家的视野和实证研究方法,针对某一领域或区域现状与发展态势展开分析和预测,具备原创性、实证性、专业性、连续性、前沿性、时效性等特点的公开出版物,由一系列权威研究报告组成。

皮书作者

皮书系列的作者以中国社会科学院、著名高校、地方社会科学院的研究人员为主,多为国内一流研究机构的权威专家学者,他们的看法和观点代表了学界对中国与世界的现实和未来最高水平的解读与分析。

皮书荣誉

皮书系列已成为社会科学文献出版社的著名图书品牌和中国社会科学院的知名学术品牌。2016年,皮书系列正式列入"十三五"国家重点出版规划项目;2013~2019年,重点皮书列入中国社会科学院承担的国家哲学社会科学创新工程项目;2019年,64种院外皮书使用"中国社会科学院创新工程学术出版项目"标识。

中国皮书网

（网址：www.pishu.cn）

发布皮书研创资讯，传播皮书精彩内容
引领皮书出版潮流，打造皮书服务平台

栏目设置

关于皮书：何谓皮书、皮书分类、皮书大事记、皮书荣誉、皮书出版第一人、皮书编辑部

最新资讯：通知公告、新闻动态、媒体聚焦、网站专题、视频直播、下载专区

皮书研创：皮书规范、皮书选题、皮书出版、皮书研究、研创团队

皮书评奖评价：指标体系、皮书评价、皮书评奖

互动专区：皮书说、社科数托邦、皮书微博、留言板

所获荣誉

2008年、2011年，中国皮书网均在全国新闻出版业网站荣誉评选中获得"最具商业价值网站"称号；

2012年，获得"出版业网站百强"称号。

网库合一

2014年，中国皮书网与皮书数据库端口合一，实现资源共享。

权威报告·一手数据·特色资源

皮书数据库
ANNUAL REPORT(YEARBOOK) DATABASE

当代中国经济与社会发展高端智库平台

所获荣誉

- 2016年，入选"'十三五'国家重点电子出版物出版规划骨干工程"
- 2015年，荣获"搜索中国正能量 点赞2015""创新中国科技创新奖"
- 2013年，荣获"中国出版政府奖·网络出版物奖"提名奖
- 连续多年荣获中国数字出版博览会"数字出版·优秀品牌"奖

成为会员

通过网址www.pishu.com.cn访问皮书数据库网站或下载皮书数据库APP，进行手机号码验证或邮箱验证即可成为皮书数据库会员。

会员福利

- 已注册用户购书后可免费获赠100元皮书数据库充值卡。刮开充值卡涂层获取充值密码，登录并进入"会员中心"—"在线充值"—"充值卡充值"，充值成功即可购买和查看数据库内容。
- 会员福利最终解释权归社会科学文献出版社所有。

数据库服务热线：400-008-6695
数据库服务QQ：2475522410
数据库服务邮箱：database@ssap.cn
图书销售热线：010-59367070/7028
图书服务QQ：1265056568
图书服务邮箱：duzhe@ssap.cn

S 基本子库
UB DATABASE

中国社会发展数据库（下设 12 个子库）

全面整合国内外中国社会发展研究成果，汇聚独家统计数据、深度分析报告，涉及社会、人口、政治、教育、法律等 12 个领域，为了解中国社会发展动态、跟踪社会核心热点、分析社会发展趋势提供一站式资源搜索和数据分析与挖掘服务。

中国经济发展数据库（下设 12 个子库）

基于"皮书系列"中涉及中国经济发展的研究资料构建，内容涵盖宏观经济、农业经济、工业经济、产业经济等 12 个重点经济领域，为实时掌控经济运行态势、把握经济发展规律、洞察经济形势、进行经济决策提供参考和依据。

中国行业发展数据库（下设 17 个子库）

以中国国民经济行业分类为依据，覆盖金融业、旅游、医疗卫生、交通运输、能源矿产等 100 多个行业，跟踪分析国民经济相关行业市场运行状况和政策导向，汇集行业发展前沿资讯，为投资、从业及各种经济决策提供理论基础和实践指导。

中国区域发展数据库（下设 6 个子库）

对中国特定区域内的经济、社会、文化等领域现状与发展情况进行深度分析和预测，研究层级至县及县以下行政区，涉及地区、区域经济体、城市、农村等不同维度。为地方经济社会宏观态势研究、发展经验研究、案例分析提供数据服务。

中国文化传媒数据库（下设 18 个子库）

汇聚文化传媒领域专家观点、热点资讯，梳理国内外中国文化发展相关学术研究成果、一手统计数据，涵盖文化产业、新闻传播、电影娱乐、文学艺术、群众文化等 18 个重点研究领域。为文化传媒研究提供相关数据、研究报告和综合分析服务。

世界经济与国际关系数据库（下设 6 个子库）

立足"皮书系列"世界经济、国际关系相关学术资源，整合世界经济、国际政治、世界文化与科技、全球性问题、国际组织与国际法、区域研究 6 大领域研究成果，为世界经济与国际关系研究提供全方位数据分析，为决策和形势研判提供参考。

法律声明

"皮书系列"(含蓝皮书、绿皮书、黄皮书)之品牌由社会科学文献出版社最早使用并持续至今,现已被中国图书市场所熟知。"皮书系列"的相关商标已在中华人民共和国国家工商行政管理总局商标局注册,如LOGO( )、皮书、Pishu、经济蓝皮书、社会蓝皮书等。"皮书系列"图书的注册商标专用权及封面设计、版式设计的著作权均为社会科学文献出版社所有。未经社会科学文献出版社书面授权许可,任何使用与"皮书系列"图书注册商标、封面设计、版式设计相同或者近似的文字、图形或其组合的行为均系侵权行为。

经作者授权,本书的专有出版权及信息网络传播权等为社会科学文献出版社享有。未经社会科学文献出版社书面授权许可,任何就本书内容的复制、发行或以数字形式进行网络传播的行为均系侵权行为。

社会科学文献出版社将通过法律途径追究上述侵权行为的法律责任,维护自身合法权益。

欢迎社会各界人士对侵犯社会科学文献出版社上述权利的侵权行为进行举报。电话:010-59367121,电子邮箱:fawubu@ssap.cn。

社会科学文献出版社